D1729779

Marie Schulte

Generation Y: Warum ein gerechtes Vergütungsmanagement die Attraktivität des Arbeitgebers steigert.

Eine Befragung von Nachwuchskräften

Diplomica® Verlag GmbH

Schulte, Marie: Generation Y: Warum ein gerechtes Vergütungsmanagement die Attraktivität des Arbeitgebers steigert. Eine Befragung von Nachwuchskräften.
Hamburg, Diplomica Verlag GmbH 2012

ISBN: 978-3-8428-8471-7
Druck: Diplomica® Verlag GmbH, Hamburg, 2012

Bibliografische Information der Deutschen Nationalbibliothek:
Die Deutsche Nationalbibliothek verzeichnet diese Publikation in der Deutschen
Nationalbibliografie; detaillierte bibliografische Daten sind im Internet über
http://dnb.d-nb.de abrufbar.

Die digitale Ausgabe (eBook-Ausgabe) dieses Titels trägt die ISBN 978-3-8428-3471-2
und kann über den Handel oder den Verlag bezogen werden.

© Diplomica Verlag GmbH
http://www.diplomica-verlag.de, Hamburg 2012
Printed in Germany

Inhaltsverzeichnis

Tabellenverzeichnis

Abkürzungsverzeichnis

AGG	Allgemeines Gleichbehandlungsgesetz
BA	Bundesagentur für Arbeit
BAT	Bundesangestelltentarifvertrag
BGB	Bürgerliches Gesetzbuch
bspw.	beispielsweise
bzw.	beziehungsweise
DEBA	Deutsche Employer Branding Akademie
EVP	Employer Value Proposition
IAB	Institut für Arbeitsmarkt- und Berufsforschung Nürnberg
i.d.R.	in der Regel
i.Verb.m.	in Verbindung mit
IW	Institut der Deutschen Wirtschaft Köln
KSchG	Kündigungsschutzgesetz
o.ä.	oder ähnliche/s
o.V.	ohne Verfasser
RHI	Roman Herzog Institut e.V.
sog.	so genannte/s/r/n
Stat.BA	Statistisches Bundesamt
TVöD	Tarifvertrag öffentlicher Dienst
u.a.	unter anderem
USP	Unique Selling Proposition
usw.	und so weiter
v.a.	vor allem

1.   Einleitung

1.1   Anlass, Forschungshypothesen und Zielsetzung des Buches

„Schwierige Helden. Klug, begehrt und anspruchsvoll – eine neue Generation von Einsteigern verändert Kultur und Alltag in Unternehmen" (Buchhorn & Werle, 2011, S. 113). So lautet die Überschrift eines aktuellen Artikels des „Manager Magazins". Hierin wird die sog. „Generation Y" thematisiert, die seit einiger Zeit in den Arbeitsmarkt eintritt. Die Eigenschaften und Anforderungen dieser Nachwuchskräfte beschäftigen momentan zahlreiche Unternehmensverantwortliche, Personalmanager sowie Wissenschaftler verschiedener Fachbereiche, sodass auch in der Tagespresse vermehrt über Vorstellungen und Werte dieser Generation berichtet und diskutiert wird. Doch wer sind diese jungen Menschen, in Amerika „Trophy Kids" oder „Millennials" genannt, wirklich? Derzeit werden Teamorientierung, der Wunsch nach häufigem Feedback, ausgewogener Work-Life-Balance, Abwechslung, Selbstverwirklichung und Sinnhaftigkeit in der Arbeit sowie Leistungswille als kennzeichnende Eigenschaften und Vorstellungen der „Generation Y" hinsichtlich der Arbeitswelt genannt. Diese Zuschreibungen sind Ergebnisse aktueller Erhebungen, wie bspw. der Absolventenstudie des Haniel-Konzerns (2011) oder der Befragung abschlussnaher Studierender der Wirtschafts- und Ingenieurwissenschaften durch das Berliner Beratungsinstitut „trendence" (2010). Als die drei wichtigsten Anforderungen an Arbeitgeber nennen Mitglieder der „Generation Y" laut Gilles „Entwicklungsmöglichkeiten", „kollegiale Arbeitsatmosphäre" und „Work-Life-Balance" (Gilles, 2011, S.1). Demnach ist für die Nachwuchskräfte des Arbeitsmarktes der „Service", den ein Arbeitgeber bietet, wichtiger als ein hohes Gehalt. Von Bedeutung scheint für die „Generation Y" insbesondere auch das Vorhandensein intrinsischer Motivation und in diesem Zusammenhang eine gerechte Vergütung zu sein (vgl. Buchhorn et al., 2011, S. 114; vgl. Donkor, 2008, Internetquelle 1; vgl. Parment, 2011, S.1). Für Unternehmen stellt sich in Anbetracht dieser charakteristischen Merkmale derzeit die Frage, ob Prozesse und Gewohnheiten im Unternehmen sowie die Unternehmenskultur den Vorstellungen der „Generation Y" entsprechen oder ob Konflikte bevorstehen und Veränderungen notwendig sind, um diese Generation erfolgreich als Arbeitnehmer zu integrieren. Entscheidend ist insbesondere die Frage nach der Vereinbarkeit von Anforderungen und Eigenschaften der „Generation Y" mit denen jener Generationen, die die Arbeitswelt bisher prägten. Die Herausforderung besteht also darin, trotz ihrer Unterschiedlichkeiten eine ausgewogene Verträglichkeit zwischen den verschiedenen Generationen zu erreichen (vgl. Buchhorn et al., 2011, S. 118). Im Rahmen dieser Studie sollen charakteristische Merkmale der „Generation Y" untersucht werden, um herauszufinden, welchen Stellenwert diese Generation dem Faktor Vergütung beimisst. Fokussiert werden hierbei die beiden folgenden Forschungshypothesen:

1. Die Vergütung scheint der „Generation Y" bei der Arbeitgeberwahl nicht besonders wichtig zu sein (sofern ein bestimmtes „Vergütungsminimum" erfüllt ist).

2. Die „Generation Y" scheint ein stark ausgeprägtes Gerechtigkeitsempfinden zu haben. (So wird es bspw. als ungerecht empfunden, wenn ein 45-jähriger Arbeitnehmer allein wegen seines Alters besser bezahlt wird als ein 20 Jahre jüngerer Arbeitnehmer.)[1]

Die Zielsetzung dieser Untersuchung beinhaltet zunächst die Aufarbeitung und Darstellung des aktuellen Forschungsstandes zum dargestellten Thema. In diesem Zusammenhang wird eine genaue Definition der „Generation Y" sowie eine Abgrenzung dieser Generation von anderen, etwa der „Generation Baby Boomer" oder der „Generation X", vorgenommen. Bei der Aufarbeitung des aktuellen Forschungsstandes ist die Gewichtung der verwendeten Quellen je nach Wertigkeit ein Bestandteil der Zielsetzung. Hierbei geht es insbesondere um eine differenzierte Betrachtung von Aussagen, die wissenschaftlich belegt sind und solchen, die bspw. als subjektive Einschätzung durch die alltägliche Arbeit im Unternehmen abgeleitet wurden. Neben der Aufarbeitung der gegenwärtigen Literatur werden ebenso Erkenntnisse klassischer Forschungsarbeiten zur Vergütung sowohl im Zusammenhang mit Gerechtigkeitstheorien als auch im Zusammenhang mit Motivationstheorien aufgezeigt. Mit der eigenen quantitativen empirischen Erhebung, die mittels einer Befragung erfolgte, wurden zwei Ziele verfolgt. Zum einen, eine Tendenz erkennen zu können, die zeigt, ob die Meinungen der Befragten dem wissenschaftlichen Sachstand eher entsprechen oder sich eher von diesem unterscheiden. Zum anderen, anhand der Erkenntnisse Handlungsempfehlungen für Unternehmen zum Umgang mit den Begriffen „Fairness" und „Gerechtigkeit" abzuleiten. Das Verständnis und die Interpretation der Begriffe „Fairness" und „Gerechtigkeit" sind in besonderem Maße subjektiv geprägt. Folglich ist eine einheitliche Definition der Wortbedeutungen kaum möglich. Aus diesem Grund sollen die Handlungsempfehlungen eine Möglichkeit bieten, die Begriffe „Fairness" und „Gerechtigkeit" konkretisieren bzw. operationalisieren zu können. In diesem Zusammenhang sollen Faktoren zur Orientierung, wie „Fairness" und „Gerechtigkeit" greifbar gemacht werden können, genannt werden.

Besonders wichtig ist, dass sich der Inhalt der Studie explizit auf den derzeitigen Forschungsstand sowie auf das derzeitige Meinungsbild der Befragten bezieht. Es wird sozusagen eine „Momentaufnahme" der Erkenntnisse und Prognosen zum beschriebenen Thema aufgezeigt. Welche tatsächlichen zukünftigen Entwicklungen sich diesbezüglich ergeben, bleibt offen.

---

[1] Die Herleitung der Forschungshypothesen ist Kapitel 10 zu entnehmen.

1.2 Vorgehensweise und Aufbau

Grundlegend für diese Untersuchung ist eine fundierte Literaturrecherche, in deren Rahmen neben klassischer Fachliteratur aktuelle Fachbücher, Fachzeitschriften sowie Artikel aus der Tagespresse zum Thema und insbesondere in Hinblick auf die Forschungshypothesen berücksichtigt werden. Die diesbezügliche Aufarbeitung und Auswertung bezieht sich sowohl auf deutsche als auch englischsprachige Literatur. Ergänzt wird die theoretische Erarbeitung des Themas um eine eigene quantitative empirische Untersuchung. Mit Hilfe eines von der Verfasserin entwickelten Online-Fragebogens werden „Mitglieder" der „Generation Y" befragt. Die Befragungsergebnisse sowie die Erkenntnisse der theoretischen Aufarbeitung bilden schließlich die Basis für die Ableitung von Handlungsempfehlungen für Unternehmen. Hierdurch können die aufgearbeiteten Erkenntnisse in lösungs- und handlungsorientierter Form Anwendung auf die praktische Problemstellung finden.

Da es von besonderer Bedeutung ist, eine bestimmte Generation, wie bspw. die „Generation Y", vor dem Hintergrund der derzeitigen und vorangegangenen gesellschaftlichen Gegebenheiten zu betrachten, wird in Kapitel 2 zunächst der Wandel der deutschen Gesellschaft thematisiert, um in diesem Zusammenhang die charakteristischen Merkmale der heutigen modernen Gesellschaft aufzuzeigen. Im darauf folgenden Kapitel wird der Generationenbegriff als solcher detailliert beleuchtet. In Verbindung mit Kapitel 2 bildet dieses Kapitel eine fundierte Basis für die Auseinandersetzung mit der „Generation Y". Erst diese Grundlage lässt eine differenzierte Betrachtung des eigentlichen Themas der Studie zu. In Kapitel 4 erfolgt schließlich die ausführliche thematische Auseinandersetzung mit der „Generation Y". In Kapitel 5 werden der Erläuterung klassischer Theorien der Themenbereiche „Gerechtigkeit" und „Motivation" insbesondere in Hinblick auf das Vergütungsmanagement eines Unternehmens gewidmet. In Kapitel 6 wird die eigene empirische Untersuchung der Verfasserin vorgestellt. Die aus den gewonnenen Erkenntnissen abgeleiteten Handlungsempfehlungen für Unternehmen sind Gegenstand von Kapitel 7. Nachdem in Kapitel 8 ein Ausblick auf mögliche und sinnvoll erscheinende Folgeuntersuchungen gegeben wurde, bildet das Fazit schließlich den Abschluss des Buches.

Aus Gründen der besseren Leserlichkeit wird von der Nennung der jeweiligen weiblichen und männlichen Schreibform abgesehen. Die verwendeten Bezeichnungen sind entsprechend geschlechtsneutral zu verstehen.

2.   Die Gesellschaft im Wandel

2.1 Gesellschaftsformen im Wandel

Um langfristige Veränderungen in Gesellschaft und Wirtschaft zu beschreiben und zu erklären, wird häufig die sog. „Drei-Sektoren-Hypothese" des sozioökonomischen Wandels von Fourastié genutzt. Im Rahmen derer wird zunächst die Produktionsstruktur einer Gesellschaft in drei Wirtschaftssektoren unterteilt. Den primären Sektor bildet die Produktionsgewinnung (u.a. Land- und Forstwirtschaft sowie Bergbau), den zweiten Sektor die Produktverarbeitung (u.a. Industrie und Handwerk) und den dritten Sektor die Dienstleistung (u.a. Handel, Verkehr, Bildung, Kommunikation, Verwaltung). Gegen Ende des 19. Jahrhunderts „[dominierte] die industrielle Produktion [...] die Wertschöpfung und das Beschäftigungssystem" (Geißler, 2010, S.26). Die Veränderungen in der Produktionsweise, deren Basis insbesondere technologische Entwicklungen waren, wirkten sich auch auf andere gesellschaftliche Bereiche aus und hatten weitere soziale, kulturelle und politische Veränderungen zur Folge. Sie können entsprechend als „Kern des sozialen Wandels" (Geißler, 2011, S. 21) betrachtet werden. Insgesamt hatte sich die Gesellschaftsform im Laufe des 19. Jahrhunderts schließlich von einer Agrargesellschaft zu einer Industriegesellschaft entwickelt. Der Schwerpunkt wirtschaftlicher Tätigkeit hatte sich vom primären zum sekundären Wirtschaftssektor verlagert (vgl. Geißler, 2010, S. 21-26 und S. 163-164). Inzwischen zeichnet sich ein erneuter Wandel der Gesellschaftsform ab. Die deutsche Gesellschaft scheint sich von einer Industriegesellschaft zunehmend zu einer Dienstleistungs- bzw. Wissensgesellschaft zu entwickeln, da sich der „Schwerpunkt von Wertschöpfung und Beschäftigung in den tertiären Bereich" (Geißler, 2011, S. 164) verlagert. Während 1991 noch 59,5 % der Erwerbstätigen im tertiären Wirtschaftssektor beschäftigt waren, waren es 2009 bereits 73,0 %. Gleichzeit nahm die Zahl der Beschäftigten im sekundären und primären Sektor ab.[2] Nach Prognosen des Zukunftsforschers Opaschowski wird sich die Verlagerung auf den tertiären Wirtschaftssektor weiter fortführen (vlg. Opaschowski, 2009, S. 61 -62).

Mit dem Wandel der Gesellschaftsform gehen stets auch Veränderungen der gesellschaftlichen Rahmenbedingungen einher, die das Denken und Handeln des Menschen beeinflussen. Noch bis in die 1950er bzw. 1960er Jahre hinein richtete der Mensch sein Handeln im Rahmen der Dichotomie „erlaubt – verboten" aus, die sich aus Religion, moralischem Gesetz, Tradition bzw. aus der Existenz eines „Souverän, der für alle entscheidet" (Ehrenberg, 2008, S. 21) ergab. Diese Dichotomie beeinflusste sowohl damalige Stammesgesellschaften oder Hochkulturen als auch die Gesellschaft des beginnenden 20. Jahrhunderts. In der heutigen modernen Gesellschaft existiert der Mensch hingegen

---

[2] Sekundärer Sektor 1991: 36,6 %, 2009: 24,9 %; primärer Sektor 1991: 3,9 %, 2009: 2,1 % (vgl. Jung, 2011, S. 854)

als „reines Individuum", das sich sein Leben selbst frei wählen und „nur" es selbst sein kann. Der heute lebende Mensch hat die Freiheit, aus verschiedenen Optionen wählen zu können (vgl. Ehrenberg, 2008, S. 18-24). Ob es um die Wahl eines Produktes im Supermarkt, des Berufes oder der Form der persönlichen Lebensführung geht, der Mensch hat stets zahlreiche Wahlmöglichkeiten.

2.2 Wertewandel

Mit den gesellschaftlichen Veränderungen geht ein Wandel der Werte einher. Werte können als Idee, die das Denken und Handeln des Menschen bestimmt, bezeichnet werden und gelten als „unmittelbar einleuchtend und bedürfen daher keiner Begründung" (Bueb, 2008, S. 49). Sie beinhalten etwas Wünschenswertes und beeinflussen und steuern als „soziale Deutungs- und Bewertungsmuster" explizit oder implizit die Ziele und Mittel des menschlichen Handelns. Werte spielen für den Einzelnen oder eine Gruppe von Menschen eine Rolle und äußern sich sowohl innerhalb als auch außerhalb eines institutionellen Rahmens. Zudem sind Werte veränderbar, da sie in Relation zu sozialen, kulturellen und ökonomischen Rahmenbedingungen einer Gesellschaft stehen. Mit steigender Dynamik dieser Rahmenbedingungen steigt auch die Dynamik der Veränderung von Werten. Die Werte des Menschen ergeben sich insbesondere aus seiner Identität und seinem Selbst, seinen Bedürfnissen, Motiven, Einstellungen, Meinungen, Interessen und Zielen (vgl. Bueb, 2008, S. 49; vgl. Jung, 2011, S. 838-839; vgl. von Trotha, 2008, S. 85-86).

In der Literatur ist vielfach die Unterscheidung zwischen materiellen und postmateriellen Werten zu finden. In den ersten Jahren nach dem Zweiten Weltkrieg (1939-1945) war das Leben der Menschen geprägt von großen Anstrengungen zur Befriedigung einfacher Grundbedürfnisse, d.h. physiologischer und Sicherheitsbedürfnisse (materielle Bedürfnisse). Das Leben der Menschen war vor allem durch Pflicht- und Akzeptanzwerte wie Hinnahmebereitschaft, Selbstlosigkeit und Pflichterfüllung geprägt. Mit dem sog. „Wirtschaftswunder" als Folge des wirtschaftlichen Aufschwungs, der Ende der 1940er Jahre begann, hatte sich in den 1960er Jahren schließlich ein gewisses allgemeines Wohlstandsniveau entwickelt und die Konsumgesellschaft etablierte sich. Mit diesen Entwicklungen ging ein Wandel der Wertvorstellungen und –orientierungen der Menschen einher, sodass nun die Befriedigung sozialer Bedürfnisse sowie die Selbstverwirklichung im Vordergrund standen. Seit den 1960er Jahren gewannen vermehrt Werte wie Gleichbehandlung, Demokratie, Partizipation, Autonomie des Individuums, Genuss, Ungebundenheit und Eigenständigkeit an Bedeutung. Der Soziologe Inglehart folgerte diesbezüglich bereits 1977, dass im Rahmen des Wertewandels postmaterielle Werte die materiellen ablösen. Der Soziologe Klages spricht in diesem Zusammenhang von einer „Verschiebung von Pflicht- und Akzeptanzwerten […] hin zu Freiheits- und Selbstentfaltungswerten" (Rödder, 2008, S. 22). Sowohl Inglehart als auch Klages messen der Kindheit und

Jugend hinsichtlich des Wertewandels eine besondere Rolle bei. Sie argumentieren im Sinne der sog. Sozialisationshypothese, die besagt, dass sich in den Werthaltungen eines Menschen seine Sozialisationsbedingungen widerspiegeln. Sind diese bspw. von der Gegebenheit befriedigter materieller Bedürfnisse geprägt, orientiert sich der Mensch zunehmend an postmaterialistischen Werten. Ein Wandel der Werte ergibt sich demnach u.a. als Folge der Abgrenzung jüngerer Menschen von den Werthaltungen älterer Menschen. Im Laufe der 1960er, 1970er und 1980er Jahre kam es zu weiteren grundlegenden gesellschaftlichen Veränderungen, die teils bis heute noch „keinen Abschluss" gefunden haben und Inhalt öffentlicher Diskussion sind. In diesen Jahren lag der Beginn der Pluralisierung der Formen privaten Zusammenlebens sowie der Individualisierung der Lebensstile, der Forderung nach Gleichberechtigung von Frauen und Männern sowie der zunehmenden Erwerbstätigkeit von Frauen. Gewollte Kinderlosigkeit wurde durch die Antibabypille möglich und fand allmählich gesellschaftliche Akzeptanz, es kam zu Bildungsreformen und auch Freizeit gewann für die gesellschaftliche Struktur zunehmend an Bedeutung. Seit den 1990er Jahren beobachten Forscher einen erneuten Wandel der Werte und die Thesen Inglehards und Klages scheinen heute keine Gültigkeit (mehr) zu haben. Der Mensch bejaht zunehmend sowohl Pflicht- und Akzeptanzwerte als auch Selbstentfaltungswerte. Es überwiegt also nicht die eindeutige Zustimmung zu einer „Wertekategorie". „Neuere Untersuchungen belegen, dass sich die ‚Materialismus-Postmaterialismus'-Dimension [...] auflöst und insbesondere jüngere Jahrgänge eine ‚Mischung' beider Pole zeigen, indem sie Arbeit, Beruf und andere Lebensbereiche hinsichtlich ihrer Bewertung ausbalancieren" (Semmer & Udris, 2004, S. 160).

Spricht man von einem Wandel der Werte, ist insgesamt zu beachten, dass Werte nicht einfach verschwinden, sondern dass es sich um eine Veränderung ihrer Bedeutung und Verbindlichkeit handelt. Ihre Ausprägungen werden also schwächer oder stärker. Darüber hinaus sollte bei einer generalisierenden Betrachtung immer beachtet werden, dass es möglich ist, bei einzelnen Menschen eine völlig unterschiedliche Entwicklung zu beobachten (vgl. Jung, 2011, S. 839-841; vgl. Rödder, 2008, S. 19-23; vgl. von Trotha, 2008, S. 84-85).

2.3 Demografischer Wandel

Als demografische Entwicklungen werden Veränderungen hinsichtlich der Größe und Struktur menschlicher Gesellschaften bezeichnet. Um die demografischen Entwicklungen der deutschen Gesellschaft zu verdeutlichen, erstellt das Statistische Bundesamt regelmäßig Bevölkerungsstatistiken sowie Bevölkerungsvorausberechnungen. Diese basieren auf Annahmen zur Häufigkeit von Geburts- und Sterbefällen sowie zum Wanderungssaldo, das sich durch den Zu- und Fortzug von Menschen nach bzw. aus Deutschland ergibt. Die berücksichtigten Annahmen basieren auf tatsächlichen bisherigen Entwicklungen und aktuell erkennbaren Trends. Besonders langfristige Berechnungen haben hierbei Modellcharakter und sind mit gewissen Unsicherheiten verbunden. Jedoch werden mit Hilfe der Daten generell keine Zukunftsvorhersagen getroffen, sondern vielmehr Prognosen aufgezeigt (vgl. Stat.BA, 2009, S. 9). Aus der „12. koordinierten Bevölkerungs-vorausberechnung" des Statistischen Bundesamtes gehen bedeutende gesellschaftliche Veränderungen hervor.

Der bereits seit 2003 zu beobachtende Bevölkerungsrückgang nimmt weiter zu. Die Zahl der Gestorbenen übersteigt zunehmend die Zahl der Geborenen. Im Jahr 2008 starben 162.000 Menschen mehr, als Kinder geboren wurden. Für das Jahr 2020 wird bereits eine negative Differenz von 300.000 prognostiziert. Man geht davon aus, dass dieses sog. Geburtendefizit auch durch die Nettozuwanderung[3] nicht kompensiert werden kann. Während 2008 noch rund 82 Millionen Menschen in Deutschland lebten, wird für 2050 eine Bevölkerungszahl von deutlich unter 70 Millionen erwartet. Gleichzeitig ergeben sich eindeutige Veränderungen in der Altersstruktur. Die Gesellschaft wird stetig älter. Seit mehr als 130 Jahren ist ein deutlicher Rückgang der Sterblichkeit zu beobachten. Die Lebenserwartung eines Menschen nimmt kontinuierlich zu, was insbesondere an den Verbesserungen der Lebensumstände sowie der medizinischen Versorgung liegt. Die bereits heute sichtbare Entwicklung, dass immer weniger junge Menschen immer mehr alten Menschen gegenüber stehen, setzt sich auch zukünftig weiter fort.

Ähnliche Entwicklungen ergeben sich entsprechend für die Gruppe der Erwerbsfä-higen, d.h. für Personen im Alter zwischen 20 bis unter 65 Jahren. Lag die Zahl der Er-werbsfähigen im Jahr 2008 noch bei rund 50 Millionen, wird diese bereits im Jahr 2030 voraussichtlich auf eine Zahl zwischen 42 und 43 Millionen gesunken sein. Für 2060 liegt die erwartete Anzahl an Personen im Erwerbsalter zwischen 33 und 36 Millionen. In den 1980er Jahren drängten die geburtenstarken Jahrgänge der 1960er Jahre, die auch als „Baby Boomer" bezeichnet werden, auf den Arbeitsmarkt. Ab etwa 2020 geht diese Per-sonengruppe allmählich in den Ruhestand, womit deutlich spürbare Auswirkungen auf den Arbeitsmarkt verbunden sind (vgl. Jung, 2011, S. 851; vgl. IAB, 2011, S. 6). „Niemals zuvor sind so viele Personen gleichzeitig in das Rentensystem eingetreten" (IAB, 2011, S. 6). Mit der Verringerung der Zahl der Erwerbspersonen geht die deutliche Alterung der Erwerbspersonen einher. Der Anteil an Erwerbspersonen im Alter von 20 bis unter 30-Jahren liegt heute bei 20%. Die 30- bis unter 50-Jährigen bilden einen Anteil von 49%, die 50- bis unter 65-Jährigen einen Anteil von 31%. Während der Anteil der 20- bis unter 30-Jährigen an den erwerbsfähigen Personen nahezu konstant bleibt, wird erwartet, dass es bereits zwischen 2017 und 2024 gleich viele 30- bis 49-Jährige wie 50- bis 64-Jährige Erwerbsfähige geben wird, was einem jeweiligen Anteil von 40% entspricht. Insgesamt ist

---

[3] Anzahl der Zuwanderungen nach Deutschland nach Abzug der Anzahl der Auswanderungen aus Deutschland.

sicher, dass das zukünftige Erwerbspersonenpotenzial zu einem wesentlichen Teil aus über 50-Jährigen bestehen wird. Die Anhebung des Renteneintrittsalters auf 67 Jahre ab Januar 2012 verstärkt das Gewicht der älteren Gruppe der Erwerbsfähigen (vgl. Stat.BA, 2009, S. 12-19 und S. 29, vgl. Haas & Janisch, 2012, S. 34).

2.4 Charakteristika der heutigen modernen Gesellschaft

Gesellschaftliche Entwicklungen beeinflussen immer sowohl das Privat- als auch das Berufsleben des Menschen. Im Rahmen dieses Buches soll insbesondere der unternehmerische Kontext und somit auch der Wandel der Arbeitsanforderungen fokussiert werden. Die folgenden Erläuterungen umfassen neben aktuellen Gegebenheiten auch zukünftig zu erwartende Entwicklungen.

Die Strukturen einer Gesellschaft werden maßgeblich durch den technischen Fortschritt bestimmt, der von einer zunehmenden Komplexität begleitet wird. Produktionsorientierte Tätigkeiten wie manuelle Maschinenbedienung oder Herstellung verlieren verstärkt an Bedeutung, da diese vielfach durch den Einsatz von Mikroelektronik ersetzt werden. In diesem Zusammenhang steigt jedoch der Bedarf an Arbeiten, die Beobachtung und Kontrolle beinhalten und dementsprechend steigen auch die Qualifikationsanforderungen an Beschäftigte (vgl. Jung, 2011, S.856-857 und S. 876). „Die Arbeitsplätze mit komplexen Tätigkeiten und insbesondere diejenigen mit qualifizierten Dienstleistungs- und Führungsfunktionen [werden die] Gewinner des Strukturwandels sein" (Jung, 2011, S. 857). Die Technologieentwicklung erfolgt heute enorm schnell und geht mit einer steigenden Komplexität und Dynamik einher. Wirtschaftliche und gesellschaftliche Prozesse erfahren eine deutliche Beschleunigung. Um auf dem Markt „Schritt halten" zu können, sind häufige und schnelle Anpassungsprozesse für Unternehmen und gleichzeitig für deren Mitarbeiter unabdingbar. Aufgrund der steigenden Dynamik veraltet Wissen jedoch auch schneller, wodurch eine permanente Weiterbildungsbereitschaft sowie die Fähigkeit der möglichst schnellen und effizienten Wissensaneignung an Bedeutung gewinnen (vgl. Jung, 2011, S. 874 und S. 879).

Ebenso ist der Konsum-, Medien- und Unterhaltungsbereich heute von einem sehr großen Angebot geprägt und hat bedeutende Auswirkungen auf das Kommunikationsverhalten des Menschen. Das Telefonieren und auch das Schreiben von Kurzmitteilungen mit dem Handy, egal an welchem Ort, sind selbstverständlich geworden. Über Laptops und Smartphones ist das Internet für den Einzelnen stets mobil nutzbar. Mittels sog. „social-media-Plattformen", zu denen z.B. „soziale Netzwerke" wie Facebook, Xing oder Twitter gehören, ist der Mensch mit zahlreichen anderen Menschen „virtuell vernetzt" und kommuniziert mit diesen in Echtzeit. Sog. Webcams und Programme wie Skype ermöglichen, dass man sich während der Kommunikation zusätzlich sieht. Der Kommunikationspartner ist (virtuell) anwesend. Aus diesen Entwicklungen ergibt sich eine ständige Erreichbarkeit des Menschen. Auch in diesem Zusammenhang ist ein steigendes Tempo feststellbar. In einem bestimmten Zeitraum werden immer mehr Aktivitäten gleichzeitig und schnell erledigt. Der Mensch agiert nicht alternativ, sondern parallel (vgl. Opaschowski, 2009, S. 70).

Diese allgemeine Veränderung hinsichtlich der Nutzungsmöglichkeiten von Informations- und Kommunikationsmedien wirkt sich unmittelbar auf die Arbeitsweise Berufstätiger, insbesondere des primären und sekundären Dienstleistungsbereiches[4], aus. Diese Auswirkung steht in Zusammenhang mit einer zunehmenden Flexibilisierung, die sowohl Arbeitsort und Arbeitszeit des Mitarbeiters als auch, je nach Qualifikation, dessen Einsatzmöglichkeiten betrifft. Durch die moderne Informationstechnik ist es möglich, berufliche Tätigkeiten auch außerhalb des Betriebes, bspw. zu Hause oder unterwegs, zu erledigen. Telefon- bzw. Videokonferenzen ermöglichen die gleichzeitige Kommunikation von Menschen an verschiedenen Orten. Hinzu kommt, dass Jobs verstärkt zeitlich befristet und oftmals lediglich projektorientiert ausgerichtet werden. Mitarbeiter arbeiten für die Dauer eines Projektes in jeweils unterschiedlichen (teils sogar ausschließlich virtuellen) Teams zusammen. Aufgrund der sog. „Telearbeit" ist keine ständige Präsenz im Unternehmen (mehr) zwingend erforderlich. In zahlreichen Unternehmen finden darüber hinaus besondere Teilzeit-, Gleitzeit-, oder Vertrauensarbeitszeitregelungen Anwendung als Alternative zum „normalen" achtstündigen Vollzeitjob, d.h. individuelles Zeitmanagement ist die Alternative zum kollektiven Zeitrhythmus (vgl. Jung, 2011, S. 888-894; vgl. Opaschowski, 2009, S. 86-87 & S. 130-131; vgl. Köppel & Sattler, 2009, S. 26). In der eigenverantwortlichen Arbeitszeitgestaltung von Arbeitnehmern zeigt sich neben der wachsenden Flexibilisierungs- auch die zunehmende Individualisierungstendenz. Auch wirken sich Entwicklungen im Zuge der weltweiten Globalisierung auf das heutige Leben des Menschen aus. Unternehmen erfahren vielfach eine zunehmende internationale Ausrichtung, sodass verstärkt entsprechende Kompetenzen der Arbeitnehmer gefragt sind, wie bspw. Kenntnisse der Sprache und Gewohnheiten anderer Länder sowie Mobilitätsbereitschaft. Weitere Charakteristika der heutigen modernen Gesellschaft sind die stetig steigende Erwerbstätigkeit der Frau sowie die Internationalisierung. Bis in die 1960er bzw. 1970er Jahre hinein „[bestimmten] die drei K's, Kinder, Küche und Kirche [...] vorzugsweise die Arbeitswelt der Frau" (Jung, 2011, S. 861). 1970 waren 37% der Erwerbspersonen weiblich, 2009 bereits 45,5% und auch zukünftig wird ein steigender Anteil von Frauen an den Erwerbstätigen erwartet.[5] Zu beachten ist jedoch, dass Frauen besonders häufig in der Teilzeitarbeit

---

[4] Neben der sektoralen Einteilung ist in der Literatur auch eine Einteilung entsprechend der überwiegend ausgeübten Tätigkeiten zu finden, die Produktionstätigkeiten (bspw. Maschinenbedienung), primäre Dienstleistungen (bspw. allg. Bürotätigkeiten, Verkauf) und sekundäre Dienstleistungen (bspw. Forschung, Entwicklung, Management, Konstruktion, Beratung) umfasst (vgl. Jung, 2011, S. 066 067)

[5] Der prognostizierte Anteil für 2030 liegt bei 52% (vgl. Opaschowski, 2009, S. 133).

beschäftigt sind (vgl. Jung, 2011, S. 861-862; vgl. BA, 2010, S. 133). Derzeit wird die Einführung einer sog. Frauenquote politisch diskutiert, um zu erreichen, dass mehr Vorstands- und Aufsichtsratspositionen in Unternehmen von Frauen besetzt werden (vgl. Böttger, 2012, S. 8; vgl. Büschemann & Kuhr, 2010, Internetquelle 1; vgl. Jung, 2011, S. 863).

2.5 Konsequenzen für das Personalmanagement

2.5.1 Personalbeschaffung

Eine Folge der beschriebenen Entwicklungen ist ein zunehmend unzureichendes Angebot qualifizierter Bewerber auf dem Arbeitsmarkt, welches wiederum zu einer verschärften Konkurrenz um potentielle Arbeitnehmer zwischen Unternehmen führt. Für Unternehmen hat sich demzufolge eine grundlegende Veränderung hinsichtlich ihrer Personalbeschaffungsmaßnahmen ergeben. „Unabhängig von konjunkturell bedingten Unterschieden in der kurzfristigen Nachfrage nach Arbeitskräften ist der Arbeitsmarkt […] langfristig als Käufermarkt zu charakterisieren, in dem die Arbeitgeber die Rolle der ‚Verkäufer' des ‚Produktes' Arbeitsplatz einnehmen, mit dem Ziel, Mitarbeiter als ‚Kunden' zu gewinnen und an sich zu binden" (Böttger, 2012, S.4). Unternehmen haben zunehmend einen erhöhten quantitativen und insbesondere auch qualitativen Bedarf an Personal, es werden (hoch-) qualifizierte Fach- und Führungskräfte benötigt. Um sich auf dem Arbeitsmarkt von Wettbewerbern abzugrenzen und, bezogen auf den Bereich der Personalbeschaffung für potentielle Mitarbeiter, zum „employer of choice"[6] zu werden, bedarf es einer geeigneten Strategie. Im Rahmen des sog. Employer-Branding kann eine solche entwickelt und umgesetzt werden (vgl. Böttger, 2012, S. 13; vgl. Seiser, 2009, S.1).

2.5.2 Employer Branding

Employer Branding ist im Bereich des Personalmarketing einzuordnen. Es handelt sich hierbei um eine „Weiterentwicklung des strategischen Personalmarketing unter Einbeziehung der Markenführung" (Stritzke, 2010, S. 57). Beim Employer Branding werden Konzepte aus dem Marketingbereich auf den Bereich des Personalmanagements übertragen. Erstmals erfolgte dies 1996 durch Ambler und Barrow, die den Begriff maßgeblich prägten. Hierbei bildet die Arbeitgebermarke (employer brand) das Zielobjekt, während das Employer branding als Prozess der Führung der Arbeitgebermarke, angelehnt an die Produkt- bzw. Dienstleistungsmarkenführung, zu verstehen ist (vgl. Böttgers, 2012, S. 17-18; vgl. Stritzke, 2010, S. 42-43). Ein Arbeitgeber wird zur Marke, potentielle Bewerber und derzeitige Mitarbeiter werden zu Kunden, auf die die Marke eine anziehende und binden-

---

[6] Der Begriff „employer of choice" („Arbeitgeber der Wahl") beinhaltet, dass ein potentieller Bewerber bei der Suche nach einem geeigneten Arbeitgeber ein bestimmtes Unternehmen gegenüber anderen Unternehmen bevorzugt (vgl. Seiser, 2009, 30-31).

de Wirkung haben soll. In Anlehnung an die Definition einer (Produkt-) Marke kann eine Arbeitgebermarke definiert werden als „Nutzenbündel mit spezifischen arbeitgeberbezogenen Merkmalen, die dafür sorgen, dass sich dieses Nutzenbündel gegenüber anderen Nutzenbündeln, welche dieselben Basisbedürfnisse erfüllen, aus Sicht der relevanten, arbeitgeberspezifischen Zielgruppe nachhaltig differenziert" (Böttgers, 2012, S.27; vlg. Burmann, Kirchgeorg, Meffert 2008, S. 358). Sowohl unter potentiellen Bewerbern als auch unter Mitarbeitern soll ein „great-place-to-work"-Image[7] etabliert werden. Bei der Suche nach einem geeigneten Arbeitgeber sieht sich der Bewerber häufig mit einer schwierigen Differenzierbarkeit unterschiedlicher Unternehmen konfrontiert. Ziel des Employer Branding ist, dass Arbeitsplatzsuchende ein Unternehmen als attraktiven Arbeitgeber wahrnehmen, sich bewusst für diesen entscheiden und ihn anderen Unternehmen vorziehen, sodass ein von potentiellen Bewerbern wahrgenommener Wettbewerbsvorteil erreicht wird. Für Unternehmen geht es nicht mehr nur um ein Alleinstellungsmerkmal bei der Positionierung von Produkten und Dienstleistungen. Vielmehr müssen Arbeitgeber gleichzeitig die Einzigartigkeit ihres Angebots für Mitarbeiter betonen. Im Bereich des Produkt- und Dienstleistungsmarketing nutzt man den Ausdruck „Unique Selling Propositon" (USP)[8], beim Employer Branding analog hierzu den Begriff „Employer Value Propositon" (EVP) (vgl. Bollwitt, 2010, S. 36-39; vgl. DEBA, 2006, Internetquelle 2.1; vgl. Eger & Frickenschmidt, 2009, S. 18; vgl. Burmann et al., 2008, S. 57). Im Rahmen einer zielgruppenorientierten Ausrichtung des Employer Brandings erfolgt eine Orientierung an der Grundidee der Marktsegmentierung. Der Arbeitsmarkt setzt sich aus einer Vielzahl potentieller Arbeitnehmer zusammen, die teils sehr unterschiedliche Interessen und Erwartungen bezüglich ihrer Tätigkeit in einem Unternehmen haben. Es ist möglich, den heterogenen Gesamtarbeitsmarkt zu segmentieren, d.h. in jeweils homogene Teilmärkte aufzuteilen. Hinsichtlich ausgewählter Merkmale können also bestimmte (arbeitssuchende) Personen ein Segment bilden, welches sich von anderen Segmenten aufgrund bestimmter Merkmale abgrenzt. Auf diese Weise wird es möglich, ein segmentspezifisches und differenziertes Leistungsangebot zu entwickeln. Ein Segment kann hierbei zur spezifischen Zielgruppe eines Unternehmens werden (vgl. Burmann et al., 2008, S. 182, vgl. Bollwitt, 2010, S. 48).

Damit ein Unternehmen als attraktiver Arbeitgeber wahrgenommen werden kann, bedarf es zunächst einer fundierten Analyse, die insbesondere die Identifikation der charakteristischen gemeinsamen Merkmale *einer* Zielgruppe sowie der Unterscheidungsmerkmale verschiedener Zielgruppen umfasst. Zielgruppen können bspw. nach ihrem Qualifikationsniveau unterschieden werden, aus welchem sich die Einstiegsposition

---

[7] d.h. die Arbeit bei einem Arbeitgeber soll als besonders attraktiv wahrgenommen werden.

[8] USP = „einzigartiges Verkaufsargument"; es handelt sich hierbei um eine Anforderung an die Werbegestaltung. Diese sollte „etwas Einzigartiges, das in der Marke liegt oder ihr zugeschrieben wird" enthalten (Behrens, Esch, Leischner & Neumaier, 2001, S. 384-385).

(bspw. Auszubildender, Absolvent oder Berufserfahrener) einer Person ergibt (vgl. Stritzke, 2010, S. 55). Außerdem geht es um Fragen zu Erwartungen und Bedürfnissen einer Zielgruppe und darum, nach welchen Kriterien sie einen Arbeitgeber auswählt. Diese Aspekte umfassen den Prozess der (Arbeits-) Marktaufteilung. Anschließend geht es um die Definition des eigenen Personalbedarfs und die daraus resultierende Identifikation relevanter Zielgruppen. Bevor die Konzentration schließlich auf die Entwicklung geeigneter Instrumente für die gezielte Bearbeitung der Segmente gerichtet werden kann, müssen zunächst weitere Fragen geklärt werden. Es ist wichtig zu klären, wofür das Unternehmen tatsächlich steht, welche Stärken es in Hinblick auf die relevanten Zielgruppen hat, über welche Kommunikationskanäle eine spezifische Zielgruppe am besten angesprochen wird, wie diese das Unternehmen als potentieller Arbeitgeber wahrnimmt und welche Position das Unternehmen im Vergleich zur Konkurrenz einnimmt. Unter Einbezug der gesamten Erkenntnisse kann schließlich ein gezieltes „Employer-Branding-Konzept" entwickelt und eine optimale Positionierung auf dem Personalbeschaffungsmarkt erreicht werden. Ebenso ist es im Rahmen der spezifischen Leistungsangebots- und Kommunikationsgestaltung der Arbeitgebermarke unerlässlich, sowohl die Fremd- als auch die Selbstwahrnehmung des Unternehmens zu berücksichtigen. Das Selbstbild wird als Identität eines Unternehmens verstanden und beinhaltet die aus Sicht des Unternehmens charakteristischen Merkmale der Arbeitgebermarke.[9] Das Fremdbild wird als Image bezeichnet und kann als „ein in der Psyche relevanter [...] Zielgruppen fest verankertes, verdichtetes, wertendes Vorstellungsbild von einer Marke" (Burmann et al., 2008, S. 364) definiert werden. Es betrifft somit die Wahrnehmung des Unternehmens durch die Zielgruppe. Es existiert, unabhängig davon, ob dies von Unternehmen beabsichtigt wurde oder nicht, stets ein bestimmtes positives oder negatives Bild des Unternehmens, welches sich aus der subjektiven Wahrnehmung von (potentiellen) Mitarbeitern ergibt. So können zwischen Markenidentität und –image leicht Diskrepanzen entstehen. Um eine zielführende Arbeitgebermarke zu etablieren, ist jedoch eine besonders gute Übereinstimmung von Selbst- und Fremdbild unabdingbar (vgl. Böttgers, 2012, S. 52-53; vgl. Bollwitt, 2010, S. 38-39 und S. 47-49; vgl. Eger et al., 2009, S. 19; vgl. Burmann et al., 2008, S. 182-183 und S. 358-364). Die Basis für ein erfolgreiches Employer Branding umfasst eine glaubwürdige, unverwechselbare, bedeutungsvolle, einzigartige Arbeitgebermarke mit Alleinstellungsmerkmal, die aufgrund einer zielgerichteten Markenführung zu einem authentischen, sympathischen und vertrauensvollen Arbeitgeberimage führt (vgl. Bollwitt, 2010, S. 39). Die Deutsche Employer Branding Akademie (DEBA) definiert Employer Branding als „die identitätsbasierte, intern wie extern wirksame Entwicklung und Positionierung eines Unternehmens

---

[9] Eingeschlossen sind hier bspw. Fragen nach der Vision (Wo wollen wir hin?) oder den Kompetenzen (Was können wir?) des Unternehmens (vgl. Burmann et al., 2008, S. 361).

als glaubwürdiger und attraktiver Arbeitgeber" und umfasst insgesamt die „nachhaltige Optimierung von Mitarbeitergewinnung, Mitarbeiterbindung, Leistungsbereitschaft und Unternehmenskultur sowie die Verbesserung des Unternehmensimages" (DEBA, 2007, Internetquelle 2.2). Die Arbeitgebermarke beinhaltet dabei die Unternehmensidentität, das Angebot für Mitarbeiter sowie die Erwartungen gegenüber diesen (vgl. Bollwitt, 2011, S. 38).

2.5.3 Personalentwicklung und Vergütungsmanagement

In Zusammenhang mit der steigenden Lebenserwartung eines Menschen sowie der zunehmenden Verknappung von Nachwuchskräften wird aktuell eine Verlängerung der Lebensarbeitszeit diskutiert. Das Renteneintrittsalter wurde im Januar 2012 bereits von 65 auf 67 Jahre erhöht. Auch unabhängig von den gesetzlichen Regelungen werden strategische Überlegungen zu einer gezielten Verlängerung der Beschäftigungsdauer für Unternehmen immer wichtiger, um den Folgen des demografischen Wandels erfolgreich begegnen zu können (vgl. Haas & Janisch, 2012, S. 34; vgl. Wagner, 2007, S. 7). Die ältere Altersgruppe wird im Unternehmen heute nicht mehr von der jüngeren Altersgruppe abgelöst. Vielmehr arbeiten Mitarbeiter verschiedener betrieblicher Generationen teils über sehr lange Zeit im Grunde gleichberechtigt neben- bzw. miteinander und es kommt zunehmend zur Einführung altersgemischter Teams. So wird der Arbeitsalltag von teils großen Unterschieden hinsichtlich des Wissens, der Erfahrung, Bedürfnisse, Erwartungen, Vorstellungen, Ausdrucks- und Verhaltensweisen sowie der aktuellen Lebenssituation der Mitarbeiter geprägt. Daher kann es zu Problemen in der Zusammenarbeit kommen, die sich letztlich auch negativ auf die Produktivität eines Unternehmens auswirken können (vgl. Oertel, 2007, S. 3-4). Darüber hinaus gewinnt der Wissensaustausch von jüngeren zu älteren Mitarbeitern aufgrund der zunehmenden Komplexität und Dynamik in Verbindung mit dem (beschleunigten) technischen Fortschritt an Bedeutung. Die jüngere Generation kann nicht mehr allein „aneignende Generation" sein, die durch den Erfahrungstransfer von Älteren lernt, sondern muss gleichzeitig als „vermittelnde Generation" für die älteren Mitarbeiter fungieren (Oertel, 2007, S. 18; vgl. Stettes, 2010, S. 47). Nicht zuletzt ergeben sich zunehmend Änderungen hinsichtlich der Dauer der Betriebszugehörigkeit Erwerbstätiger. Bedingt durch die zunehmende Flexibilisierung und Individualisierung wird die traditionelle Arbeitsform während des gesamten Berufslebens in *einem* Unternehmen beschäftigt zu sein, immer seltener (vgl. Jung, 2011, S. 850). Zusammenfassend besteht die Herausforderung für Unternehmen im Rahmen der Personalentwicklung also darin, Rahmenbedingungen zu schaffen, die eine erfolgreiche Zusammenarbeit verschiedener Generationen sowie die dauerhafte Motivation jedes Mitarbeiters ermöglichen. In diesem Zusammenhang geht es u.a. etwa um Mentoring-Programme, Angebote zur Gesundheitsförderung oder Konzepte des „lebenslangen Lernens".

Die beschriebenen Konsequenzen im Bereich der Personalentwicklung wirken sich auch auf das Vergütungsmanagement aus. „Die bisher mehr verwaltungs-orientierten Funktionen der Lohnfestsetzung und –auszahlung werden, insbesondere im Zusammenhang mit der Gestaltung der Vergütungsmodalitäten, zu Managementaufgaben" (Jung, 2011, S. 895). Die Vergütungspolitik dient nicht mehr allein dem Ziel, die Vergütungskosten in angemessenen Grenzen zu halten. Vielmehr zielt das Vergütungsmanagement heute auch auf leistungsmotivierende Aspekte ab und wird somit zu einem zentralen Führungsinstrument. Hinsichtlich der altersstrukturellen Entwicklung sind insbesondere nach dem Alter von Mitarbeitern ausgerichtete Vergütungssysteme zu überdenken, die momentan noch in zahlreichen Unternehmen Anwendung finden (vgl. Jung, 2011, S. 895; vgl. Wagner, 2007, S. 7).

2.5.4 Senioritätsprinzip

Das Senioritätsprinzip der Vergütung kann als „Staffelung der Höhe von Löhnen bzw. Gehältern nach Lebensalter oder Beschäftigungsdauer" definiert werden (Stock-Homburg, 2008, S. 622). Das bedeutet, dass sich die Höhe der Vergütung mit zunehmendem Alter bzw. zunehmender Beschäftigungsdauer eines Mitarbeiters automatisch erhöht. In jungen (Berufs-) Jahren erhält ein Arbeitnehmer ein Gehalt, das altersbezogen um einen bestimmten Anteil minimiert ist und folglich unter dem eigentlichen Wert seiner Arbeit liegt. Dem gegenüber zahlt der Arbeitgeber in späteren Berufsjahren ein Gehalt, das über dem eigentlichen Wert der Arbeit eines Arbeitnehmers liegt (vgl. Stettes, 2010, S. 16). Bei einer Ausrichtung des Vergütungssystems am Senioritätsprinzip ist die Höhe der Vergütung folglich allein an das Lebens- bzw. Dienstalter eines Arbeitnehmers gebunden. Die individuelle Leistung eines Arbeitnehmers findet hierbei keine Berücksichtigung. Ebenso spielt es keine Rolle, ob jüngere und ältere Mitarbeiter „nebeneinander" die gleiche Arbeit ausführen (vgl. Stock-Homburg, 2008, S. 622; vgl. Gründinger, 2009, S. 197). Neben der Vergütungskomponente findet das Senioritätsprinzip auch im Rahmen des Kündigungsschutzes von Mitarbeitern Anwendung. Zwar besteht kein besonderer gesetzlicher Kündigungsschutz explizit für ältere Arbeitnehmer, jedoch sind die gesetzlichen Regelungen bezüglich der Kündigungsfrist eines Arbeitnehmers durchaus senioritätsbasiert (vgl. Stettes, 2010, S. 21 und S. 28-30). Je länger ein Arbeitnehmer einem Betrieb angehört, desto länger fällt auch die Kündigungsfrist aus (vgl. § 622 Absatz 2 BGB). Darüber hinaus muss ein Arbeitgeber bei der Kündigung eines Arbeitnehmers aus betriebsbedingten Gründen bezüglich der Sozialauswahl u.a. die Kriterien „Lebensalter" und „Dauer der Betriebszugehörigkeit" (ausreichend) berücksichtigen. Kommt er dieser Pflicht nicht nach, so ist die Kündigung sozial ungerechtfertigt und unter bestimmter Voraussetzung rechtsunwirksam (vgl. § 1 Absatz 1 i. Verb.m. Absatz 2 Satz 1 i.Verb.m. Absatz 3 Satz 1 KSchG). Hinzu kommt, dass in einigen (privatwirtschaftlichen) Unternehmen im Rahmen tarifvertraglicher Regelungen ein besonderer Kündigungsschutz für ältere Arbeitnehmer festgelegt ist, der eine ordentliche Kündigung im Grunde unmöglich macht.

Eine Studie des Beratungsunternehmens Capgemini Deutschland GmbH aus dem Jahr 2007, an der sich 51 Unternehmen aus Deutschland unterschiedlicher Branchen beteiligten, zeigt, dass 52% der befragten Unternehmen ihr Vergütungssystem nach dem Senioritätsprinzip ausrichten (vgl. Dawidowicz & Süßmuth, 2007, S. 17-19). Das IW stellte fest, dass sich rund ein Drittel der Unternehmen in der Industrie und deren Verbundbranchen am Senioritätsprinzip orientiert (vgl. Stettes, 2010, S. 18). Für Berufstätige im öffentlichen Dienst galt vom 01.04.1961 bis zum 30.09.2005 der BAT, in dem die Vergütungshöhe direkt abhängig vom Lebensalter und der Dauer der Betriebszugehörigkeit eines Arbeitnehmers war (vgl. § 1, § 27, Absatz 1, § 74, Absatz 1, BAT). Dieser Tarifvertrag wurde am 01.10.2005 durch den TVöD abgelöst. Hier ist die Erhöhung der Vergütung nicht mehr an den Anstieg des Lebensalters eines Arbeitnehmers geknüpft. Hinzu kommt beim TVöD eine variable leistungsorientierte Vergütungskomponente. Weiterhin geht allerdings mit einer Verlängerung der Dauer der Betriebszugehörigkeit auch ein höheres Tabellenentgelt[10] einher (vgl. Dörring & Kutzki., 2007, S. 9, S. 13, S. 240, S. 264, S. 277 und S. 285).

Eine Untersuchung der Hay Group, in die über 250 größere Industrieunternehmen einbezogen wurden, legt dar, welche konkreten Gehaltsdifferenzen sich aus einem nach Seniorität ausgerichteten Vergütungssystem für Arbeitnehmer unterschiedlicher Altersgruppen ergeben. Ein Sachbearbeiter mit drei Jahren Berufserfahrung erhält im Durchschnitt ein Jahresgehalt in Höhe von 34.900 Euro. Während das Gehalt eines 20 bis 29-Jährigen etwa 13% unter diesem Durchschnittsgehalt liegt, erhält ein über 50-Jähriger ein um rund 16% über den Durchschnittswert hinausgehendes Gehalt. Fachkräfte und Spezialisten, deren durchschnittliches Jahresgehalt bei 52.250 Euro liegt, verdienen bei einem Alter zwischen 20 und 29 Jahren rund ein Fünftel weniger als der Durchschnitt, während das Gehalt bei über 50-Jährigen um 8,6% über dem Durchschnitt liegt. Ältere Arbeitnehmer verdienen in vergleichbaren Positionen demnach eindeutig mehr als Jüngere (vgl. o. V., 2006, Internetquelle 2.3). Da bei der Studie zunächst Arbeitnehmer mit vergleichbaren Arbeitsstellen zusammengefasst wurden, um diese im Anschluss in Hinblick auf verschiedene Altersgruppen zu betrachten, zeigt sich der Zusammenhang zwischen Lebensalter und Höhe der Vergütung besonders deutlich.

In Anbetracht der gesellschaftlichen Entwicklungen wird es für Unternehmen immer wichtiger, Arbeitsstrukturen zu schaffen, die die Arbeitsfähigkeit und Produktivität der alternden Erwerbsbevölkerung fördern und gleichzeitig eine gleichberechtigte Zusammenarbeit der verschiedenen betrieblichen Generationen ermöglichen (vgl. Gründinger,

---

[10] Das Tabellenentgelt ist ein monatliches Festgehalt, das sich nach der Entgeltgruppe und deren jeweiliger Stufe richtet. Die Eingruppierung eines Arbeitnehmers in eine solche Entgeltgruppe erfolgt bei Beschäftigungsbeginn und ist abhängig von seiner Qualifikation (vgl. Dörring et al., 2007, S. 240-263).

2009, S. 208-209; vgl. Wagner, 2007, S.7). In diesem Zusammenhang erscheint es ratsam, am Senioritätsprinzip orientierte Vergütungs- und Kündigungsschutzregelungen sowie die vielfach übliche Frühverrentungspraxis zu überdenken.

Erfolgt die Ausrichtung der Vergütung nach dem Senioritätsprinzip ist es möglich, dass Effektivität und Effizienz arbeitsorganisatorischer Maßnahmen gefährdet werden. Führt also ein Unternehmen, dessen Vergütungssystem sich am Senioritätsprinzip orientiert, altersgemischte Teams ein, besteht die Gefahr, dass die jüngeren Teammitglieder es als ungerecht empfinden, dass ihre älteren Kollegen für die gleiche Arbeit mehr Geld bekommen. Eine mögliche Folge ist die Verringerung ihrer Kooperationsbereitschaft. Somit besteht das Risiko der Verfehlung des Teamziels sowie der Abwanderung jüngerer Mitarbeiter zu anderen Unternehmen (vgl. Stettes, 2010, S. 46). Unternehmen sollten entsprechend prüfen, ob ein Fortbestehen ihres derzeitigen Vergütungsmanagements hinsichtlich der Attraktivität als Arbeitgeber für (knapper werdende) junge Mitarbeiter förderlich ist. Es stellt sich die Frage, ob junge Erwerbsfähige ein Unternehmen, das sich nach Senioritätsregelungen richtet, einem anderen Unternehmen, dessen Vergütungssystem sich an anderen Maßstäben orientiert, bei der Arbeitgeberwahl bevorzugen.

Darüber hinaus kann es bei einer Verlängerung der Lebensarbeitszeit bei gleichzeitigem Fehlen einer bestimmten Anzahl an Nachwuchskräften zu erheblichen Kosten kommen (vgl. Wagner, 2007, S. 7). Da die Senioritätsentlohnung i.d.R. umlagenfinanziert organisiert wird, ist die Voraussetzung für den Erfolg einer solchen Regelung „eine konstante Altersverteilung in der Belegschaft hinsichtlich der Anteile jüngerer und älterer Alterskohorten" (Stettes, 2010, S. 47). Mit Inkrafttreten des Allgemeinen Gleichbehandlungsgesetz (AGG) am 14. August 2006 kann eine unterschiedliche Entlohnung von Arbeitnehmern aufgrund ihres Alters unter Umständen sogar rechtliche Konsequenzen für Arbeitgeber nach sich ziehen (vgl. § 1 i.Verb.m. § 2 i.Verb.m. § 10, AGG; vgl. Stiftung Warentest, 2011, Internetquelle 2.4).

Um dem Thema Altersdiversität insgesamt erfolgreich begegnen zu können ergibt sich für Unternehmen die Notwendigkeit, Maßnahmen im Sinne einer alternsgerechten und ganzheitlichen Unternehmensstrategie zu entwickeln und zu implementieren. Auf diese Weise können Wettbewerbs- und Innovationsfähigkeit langfristig erhalten werden. Eine zentrale Rolle spielt hierbei die Gestaltung des Vergütungssystems. Bevor jedoch Maßnahmen entwickelt werden, ist es zunächst hilfreich, Kenntnisse über die Einstellungen und Erwartungen der Mitarbeiter hinsichtlich besonders relevanter Aspekte zu erlangen. In Hinblick darauf werden in dieser Studie die Einstellungen und Erwartungen der „Generation Y" hinsichtlich der Vergütung und insbesondere in Hinblick auf das Senioritätsprinzip untersucht.

3. Die Bedeutung des Generationenbegriffes

3.1 Wortherkunft und sprachliche Bedeutung

Gibt man das Wort „Generation" bei der Internetsuchmaschine Google ein, so ergibt sich eine Liste von ungefähr 949.000.000 Treffern. Zur Suchanfrage des Begriffs „Generation Y" werden rund 36.800.000 Ergebnisse geliefert (vgl. Internetquellen 3.1 und 3.2). Dies weist bereits auf die Mehrdeutigkeit des Generationenbegriffs hin. Sie zeigt sich zum einen in der breiten Begriffsnutzung, die ein intuitives Alltagsverständnis des Wortes „Generation" vermuten lässt. Der Mensch scheint eine bestimmte Vorstellung davon zu haben, was eine Generation ist, jedoch ohne eine Generation und deren Merkmale eindeutig definieren zu können. Zum anderen messen auch die unterschiedlichen Wissenschaftsdisziplinen, z.B. aus dem biologischen, juristischen oder soziologischen Bereich, dem Generationenbegriff verschiedene Bedeutungsinhalte bei. Die Bedeutung des Begriffes „Generation" ist folglich jeweils kontextabhängig. Dennoch scheint es bei all der Verständnis- und Definitionsvielfalt einen gemeinsamen Bedeutungskern zu geben, der unter 3.3 erläutert wird (vgl. Oertel, 2007, S. 14-18; vgl. Lüscher, 2003, S. 33). An dieser Stelle werden jedoch zunächst die Ursprünge des Generationenbegriffes dargelegt. Das Wort „Generation" stammt ab von dem lateinischen Wort „generare" = „(er)zeugen", „neu schaffen" und wurde im 17. Jahrhundert dem lateinischen Wort „generatio" = „Zeugung", „Geburt", „Nachkommen", „Abstammung" entlehnt (vgl. Duden, 2007, S. 266 und S. 662; vgl. Niermeyer & van de Kieft, 2002, S. 609). Der Begriff Generation selbst wird im Duden Herkunftswörterbuch als „Gesamtheit aller etwa zur gleichen Zeit geborenen Menschen" sowie als „Menschenalter" definiert (Duden, 2007, S. 266). Im Deutschen Wörterbuch „Brockhaus" wird die Definition als „Menschenalter", um die Erklärung „ein Zeitraum von etwa 30 Jahren" ergänzt (Wahrig, Krämer & Zimmermann, 1981, S. 142). In einer Gesellschaft leben demnach immer drei Menschenalter: Bis unter 30-Jährige, 30- bis unter 60-Jährige und über 60-Jährige. Darüber hinaus wird „Generation" als „einzelne Stufe der Geschlechterfolge" definiert und schließlich auch als „Gruppe von Personen, die sich in einem bestimmten Bereich zeitlich vor oder nach einer anderen Gruppe entwickelt und durch bestimmte gemeinsame (Verhaltens) merkmale geprägt ist" (Wahrig et. al, 1981, S. 142-143). Die Abstammungs- und Herkunftserklärungen können als genealogisches Verständnis zusammengefasst werden, welches den Fortbestand der menschlichen Gattung durch die Abfolge verschiedener Generationen beinhaltet (vgl. Jureit, 2006, S. 30-31). Daneben existiert ein familiäres Generationenverständnis, welches Eltern-Kind- sowie verwandtschaftliche Beziehungen beinhaltet. Überdies umfassen obige Definitionen ein gesellschaftliches Generationenverständnis, das den gleichzeitigen Erfahrungsgewinn eines sozialen Kollektivs einschließt (vgl. Jureit, 2006, S. 8). Es wird bereits deutlich, dass die Bedeutung des Generationenbegriffs „die Ordnung eines dynamischen Geschehens [betrifft]" (Lüscher, 2003, S. 35). Eine entscheidende Rolle spielt hierbei Zeit, insbesondere unter dem Aspekt „Alter". Darüber hinaus sind zwei Komponenten erkennbar. Die eine umfasst eine gewisse Ursprünglichkeit und Zugehörigkeit, die andere beinhaltet etwas Individuelles, Schöpferisches. Eine Generation „erhält" einerseits also eine Prägung, ist andererseits jedoch gleichermaßen imstande selbst aktiv etwas Eigenes hervorzubringen (vgl. Lüscher, 2003, S. 36-37).

3.2 Ursprünge der Generationenforschung und die Perspektive der soziologischen Forschung

Verschiedene Generationen in Familie und Gesellschaft sowie deren Beziehungen untereinander sind traditionell Gegenstand der soziologischen Forschung. Zur soziologischen Begriffsbestimmung trägt der Soziologe Karl Mannheim maßgeblich bei. Sein Aufsatz „Zum Problem der Generationen" von 1928 gilt als grundlegend und ursprünglich für die wissenschaftliche Thematisierung des Generationenbegriffes (vgl. Jureit, 2006, S. 14-15; vgl. Oertel, 2007, S. 36). Nachfolgend soll zunächst Mannheims Theorie erläutert werden, um im Anschluss die Komponenten des Blickfelds der Sozialforschung mit Hilfe des sog. „Definitionsrasters" von Lüscher und Liegle zusammenfassend darzulegen.

3.2.1 Der Ansatz Karl Mannheims

Mannheim fasste, nach gründlicher Untersuchung der bis 1928 vorliegenden europäischen Literatur unterschiedlicher Wissensfelder, die für ihn zentralen Merkmale der Generationenthematik zusammen. Er versuchte, einen messbaren Rhythmus von gesellschaftlichem Wandel herauszustellen. Verortet hat er „Generationen" zwischen „Natur" und „Kultur". „Natur" beinhaltet hierbei die Endlichkeit menschlichen Lebens sowie die Tatsache, dass es im menschlichen Leben verschiedene Altersstufen gibt. „Kultur" kann als „wesentliche[r] Einflussfaktor hinsichtlich der Vorstellungen über Generationen, der kollektiven Identitäten von Generationen sowie der Gestaltungsformen von Generationenbeziehungen" (Lüscher et al., 2003, S. 96) verstanden werden.

Mannheims Theorie ist im Wesentlichen von den drei Dimensionen Generationslagerung, Generationszusammenhang und Generationseinheit geprägt. Als Generationslagerung bezeichnet Mannheim die Voraussetzung für die Bildung von Generationen, die sich aus einer zeitlichen und einer sozial-räumlichen Komponente ergibt. Hierbei spielen entsprechend die durch die Geburt determinierte ähnliche Alterszugehörigkeit sowie der Lebensort des Menschen eine entscheidende Rolle. Aus der Zugehörigkeit eines Menschen zu einer bestimmten Generationslagerung, kann sich dann ein Generationszusammenhang entwickeln, welcher mit einer sog. „sozialen Vergemeinschaftung" zusammenhängt. Diese Entwicklung geschieht, wenn Menschen einer Generationslagerung einen „gemeinsame[n] kulturelle[n] Kontext, chronologische Gleichzeitigkeit sowie die

Wahrnehmung des Geschehens aus der gleichen Lebens- und Bewusstseinsschichtung heraus" (Jureit, 2010, S. 4) erleben und gemeinsam an ihrem Schicksal teilhaben. Die Generationslagerung ist also als das Potential, dass Menschen ähnlichen Alters ähnliche Denk-, Gefühls- und Verhaltensweisen ausbilden können, zu verstehen. Aus der Tatsache eines ähnlichen Geburtsjahrgangs ergibt sich jedoch nicht automatisch auch ein Generationszusammenhang (vgl. Jureit, 2006, S. 20-21 und S. 29; vgl. Lüscher, 2003, S. 243; vgl. Oertel 2007, S. 43-45, S. 94).

Zu den Voraussetzungen für die Entwicklung eines Generationszusammenhangs gehören u.a. das gemeinsame bzw. gleichzeitige Erleben historischer Ereignisse wie die Wiedervereinigung Deutschlands (1990). Darüber hinaus geht es um kulturelle Rahmenbedingungen, die sich bspw. aus medizinischem und technischem Fortschritt ergeben. Hierzu gehören etwa die Art der Lebensführung oder der Umgang mit Konsum und Kommunikationsmedien. So ist ein 1990 Geborener durch die heutige Existenz von Smartphones von einem völlig anderen allgemeinen Kommunikations- und Informationsverhalten geprägt als ein 1960 Geborener, der eine derartige Technik erst als etwa 50-Jähriger kennen gelernt hat. Der 1990 Geborene empfindet „Umstände" als alltäglich und selbstverständlich, die dem 1960 Geborenen völlig unbekannt waren als er etwa zwanzig Jahre alt war. Eine wichtige Rolle spielt zudem der Zeitgeist, der die Bedürfnisse der Menschen aller Altersstufen betrifft. Aufgrund des Zeitgeistes müssen bspw. bisherige Wertsysteme oder Verhaltensweisen bezüglich ihrer Gültigkeit überprüft werden, wie etwa hinsichtlich der Entwicklung der Gleichberechtigung von Frauen und Männern.

Im Rahmen eines Generationszusammenhangs können sich dann schließlich Generationseinheiten bilden, die sich von diesem durch ihr einheitliches Reagieren auf Ereignisse oder Lebensbedingungen unterscheiden. Innerhalb eines Generationenzusammenhangs können sich mehrere Generationseinheiten herausbilden, die unterschiedliche Reaktionsweisen zeigen. Generationseinheiten können also dieselben historisch aktuellen Ereignisse auf völlig verschiedene Weise verarbeiten. Als „das zentrale Bezugsereignis" (Jureit, 2006, S. 15) hinsichtlich der Ausrichtung von Generationen gilt empirisch der Erste Weltkrieg. Dieser prägte Menschen aller Altergruppen, wenn auch mit unterschiedlichen Konsequenzen, und hatte demnach eine besonders generationsstiftende Wirkung (vgl. Jureit, 2010, S. 4 und S. 25; vgl. Lüscher et al., 2003, S. 100-101 und S. 243; vgl. Oertel, 2007, S. 102 und S. 238-239).

3.2.2 Das Definitionsraster nach Lüscher und Liegle

Im Blickfeld der Sozialforschung kann die Bedeutung des Generationenbegriffes zusammenfassend grundlegend mit den vier Komponenten Generation, Generationendifferenz, Generationenbeziehungen und Generationenordnung beschrieben werden, welche Lüscher und Liegle anhand eines sog. „Definitionsrasters" mit vier Basisdefinitionen erklären. Die erste Definition (Generation) betrifft die Funktion des Generationenkonzepts. Bestimmten Mitgliedern eines sozialen Systems, wie einer Gesellschaft oder eines Unternehmens, werden spezifische charakteristische Merkmale zugesprochen, die sich durch vergleichbare Denk-, Gefühls-, Absichts- und Handlungsmuster äußern. Diese Muster stehen wiederum in Verbindung mit dem Lebensalter, dem Geburtsjahr, der Mitgliedschaft in sozialen Systemen sowie mit historischen Ereignissen und gesellschaftlichen Rahmenbedingungen. Die zeitliche Relation verschiedener Generationen umfasst auch, dass Generationen als Vorgänger- und Nachfolgegenerationen angeordnet werden können und eine ältere von einer jüngeren Generation abgelöst wird. Die zweite Definition (Generationendifferenz) umfasst die Bedingung, dass in sozialen Systemen mindestens zwei Generationen existieren und die jeweiligen Mitglieder entsprechende Differenzerfahrungen hinsichtlich der unter Basisdefinition 1 beschriebenen charakteristischen Merkmale machen müssen, damit von einer Generation gesprochen werden kann. Differenzen bilden entsprechend das Abgrenzungskriterium bei der Beschreibung verschiedener Generationen. Die dritte Basisdefinition (Generationenbeziehungen) beinhaltet, dass sich die Mitglieder einer Generation sowie die Mitglieder verschiedener Generationen gegenseitig beeinflussen, sich gegenseitig eine Orientierungsgrundlage bieten und voneinander lernen. Im Rahmen dieser intra- und intergenerationellen Beziehungen erfahren die jeweiligen Mitglieder sowohl Gemeinsamkeiten aufgrund der Prägung durch vorausgehende Generationen, als auch Verschiedenheiten. Es geht also um Solidarität und Konflikt. Für die Gestaltung von generationellen Beziehungen bedarf es schließlich einer Generationenordnung, die Inhalt der vierten Definition ist. Traditionen und (teils ungeschriebene) Gesetze bilden diesbezüglich einen Gestaltungsrahmen innerhalb eines sozialen Systems. Die Merkmale, die eine Generation charakterisieren, können grundsätzlich sehr unterschiedlicher Art sein. So kann es sich hierbei um geistige, soziale, materielle oder biologische Merkmale handeln (vgl. Lüscher et al., 2003, S. 52-60; vgl. Oertel, 2007, S. 22).

3.3 Kontextunabhängige Bedeutung des Generationenbegriffes

Zwar spielt der Begriff Generation auch im technischen Bereich eine Rolle, jedoch soll im Rahmen dieser Untersuchung ausschließlich die Verwendung zur Kennzeichnung menschlicher „Einheiten" Beachtung finden. In seiner nicht genealogischen Verwendung kann der Generationenbegriff allgemein als gedankliche Konstruktion, als Konzept, das zur Beschreibung, Deutung und Strukturierung moderner Erfahrungen von gesellschaftlichem Wandel genutzt wird, verstanden werden. Hierbei versucht man, menschliches Denken, Fühlen und Handeln in einen systematischen und alterspezifischen Zusammenhang mit der Dauer der Zugehörigkeit von Menschen zur Gesellschaft zu bringen (vgl. Lüscher, 2003, S. 52-53). Der gemeinsame Bedeutungskern des Generationenbegriffs kann „in der Zuschreibung von Identitäten, die sich im Schnittpunkt von Lebensgeschichte,

Kulturgeschichte und Lernen konstituieren" (Lüscher, 2003, S. 313), verstanden werden. Hieraus entwickelt sich schließlich im Rahmen von sozialen Beziehungen sowohl eine individuelle als auch eine kollektive Handlungsfähigkeit. Entscheidend ist hierbei insbesondere das Erleben von Differenzen zwischen Jüngeren und Älteren, die sich aus Unterschieden hinsichtlich des Lebensalters, der Erfahrungen, des Wissens sowie der unterschiedlichen Eingliederung in soziale Systeme ergeben (vgl. Lüscher, 2003, S. 313).

3.4 Bildung einer (neuen) Generation und Generationenzugehörigkeit

Die Bildung einer (neuen) Generation ist zunächst von zeitlichen und sozialräumliche Faktoren abhängig. Darüber hinaus sind kollektive Erfahrungen geschichtsprägender Ereignisse, bestimmter gesellschaftsrelevanter Entwicklungen und kultureller Rahmenbedingungen sowie soziale Bezugssysteme und nicht zuletzt der Zeitgeist relevant. Ob sich schließlich jedoch Generationseinheiten mit einer eigenen Identität bilden und es sich bei bestimmten Einheiten von Menschen tatsächlich um eine Generation handelt, die sich deutlich von anderen Generationen unterscheidet, ist immer auch abhängig von den betroffenen Menschen selbst. Prägungen durch gemeinsame Erfahrungen können sich sehr unterschiedlich auf Menschen auswirken. Lassen sich jedoch diesbezüglich Einheiten von Menschen feststellen und gehören diese zudem einer bestimmten Altersgruppe an, so kann sich ein Generationszusammenhang und aus diesem dann eine oder mehrere Generationseinheiten bilden. Da das Verhalten eines Menschen in einer bestimmten Situation v.a. abhängig von seinen Einstellungen und Werten ist, liegt es nahe, ein generationsspezifisches Verhalten zu erwarten (vgl. Oertel, 2007, S. 102). Eine weitere relevante Komponente ist in diesem Zusammenhang Kommunikation. Die Generationsbildung beinhaltet die „Herstellung generationeller Verbundenheit [,] beruht auf einem kollektiven Verständigungsgeschehen und ist daher als überwiegend öffentlicher Kommunikationsprozess zu konzipieren" (Jureit, 2006, S. 128-129). Das bedeutet, dass die Bildung einer (neuen) Generation durch Kommunikation erfolgt und im Grunde erst durch den öffentlichen Kommunikationsprozess ermöglicht wird. Über öffentliche Kommunikationskanäle werden Repräsentationen mit Gemeinschaft stiftendem Charakter verbreitet. Hierbei handelt es sich um komplexe Phänomene wie ähnliche Lebensstile, gemeinsame Weltanschauungen oder gleichzeitig erlebte bedeutende Ereignisse. Durch die Identifikation mit diesen Repräsentationen kann schließlich eine emotionale Verbundenheit entstehen (vgl. Jureit, 2006, S. 129). Im Zusammenhang mit der Bildung einer Generation geht es also nie allein um die Erfahrung einer bestimmten Prägung, sondern um die gleichzeitige aktive Gestaltung von Kultur (vgl. Lüscher, 2003, S. 96-97). Zusammengefasst ist die Bildung einer (neuen) Generation abhängig von äußeren Einflussfaktoren, den daraus folgenden Reaktionen des einzelnen Menschen bzw. eines Kollektivs sowie der Komponente „Kommunikation".

Nachdem die Bildung einer Generation erläutert wurde, geht es im Folgenden um die Zugehörigkeit zu einer Generation. Es kann als menschliches Bedürfnis angesehen werden, „sich in altersspezifischen Gemeinschaften zu verorten" (Jureit, 2006, S. 15). Hierbei ist insbesondere auch eine Verortung im Sinne von Identitätsfindung gemeint. Jeder Mensch muss sein individuelles Selbstverständnis finden. Die Identität ist jedoch nicht festgelegt und starr, sondern entwicklungsfähig und veränderbar. Das heißt, die Identitätsfindung ist ein lebenslanger Prozess. Hierbei vergleicht der Einzelne seinen Identitätsentwurf mit den Identitätsentwürfen anderer, wobei es nahe liegt, dass sich der Einzelne mit Menschen ähnlichen Alters vergleicht, die ähnliche Sozialisationserfahrungen gemacht haben oder gewisse Ereignisse ähnlich erlebt haben. Die Zugehörigkeit zu einer bestimmten Generation bietet folglich die Möglichkeit einer sozialen Orientierung. Die eigene Identität kann erprobt, bestätigt oder revidiert werden. Die Verortung in altersspezifischen Gemeinschaften geschieht jedoch nicht ausschließlich durch den Einzelnen in Form von Selbstzuschreibungen, sondern kann ebenso auch durch Fremdzuschreibung erfolgen (vgl. Jureit, 2006, S. 11-13 und S. 27). Hierbei weisen eine oder mehrere Personen Andere gedanklich oder mittels Kommunikation bestimmten altersspezifischen Gemeinschaften zu. Insbesondere die durch die Geburt festgelegte Alterzugehörigkeit eines Menschen wird hierbei zur Voraussetzung für eine Generationenzugehörigkeit. Diese ergibt sich letztlich jedoch erst durch kulturell bedingte Selbst- bzw. Fremdzuschreibungen. „Die biologische Tatsache der verwandten Alterslagerung [gehört] zwar zu den Voraussetzungen generationeller Vergemeinschaftung, ihre Bedeutung liegt aber vielmehr darin, dass sie im kommunikativen Geschehen als essentialistisch verstandener Referenzpunkt angesehen und beansprucht wird" (Jureit, 2006, S. 86). Häufig erfolgt die Zuordnung zu einer Generation durch Selbst- oder Fremdzuschreibungen erst retrospektiv, da generationelle Zusammenhänge häufig erst derart bestimmt werden können. Zudem ist die Zuordnung nicht immer eindeutig möglich. So können sich durchaus auch Menschen unterschiedlichen Alters einer bestimmten Generation zugehörig fühlen und der einzelne Mensch (gleichzeitig) unterschiedliche Generationenzugehörigkeiten erleben (vgl. Jureit, 2006, S. 17 und S. 86; vgl. Lüscher et al., 2003, S. 26).

3.5 Generationen im Blickfeld betriebswirtschaftlicher Forschung

3.5.1 Amerikanischer Ansatz

Die Ergebnisse amerikanischer Forscher stellen im Bereich des Generationenmanagements insgesamt einen ersten Modellansatz auf, um charakteristische Merkmale verschiedener Generationen in Unternehmen zu identifizieren und deren Entstehung und deren Beeinflussungsmöglichkeiten herauszuarbeiten. Auch wenn dieses Modell einige

Schwachstellen[11] aufweist, liefert es wichtige grundlegende Erkenntnisse zu Generationen im betriebswirtschaftlichen Kontext. Der Modellansatz umfasst vier Generationen, denen ein charakteristisches Verhalten zugeschrieben wird, eine Darstellung möglicher intergenerationeller Konflikte sowie die Entwicklung und Anwendung entsprechender Lösungsmaßnahmen. Nach amerikanischem Modell gibt es die vier Generationstypen „Veteranen", zu denen Personen, die bis ca. 1945 geboren sind zählen, „Baby Boomer" (Geburtsjahr ca. zwischen 1946 und 1962), „Generation X" (Geburtsjahr ca. zwischen 1963 und 1980) und „Millennials" bzw. „Generation Y" (Geburtsjahr ab 1981). Diese altersspezifischen Generationsidealtypen lassen sich nach dem amerikanischen Ansatz anhand verschiedener Kriterien klar und eindeutig voneinander unterscheiden. Bei diesen Kriterien handelt es sich z.B. um prägende Jugendereignisse, wichtige Entwicklungen, besondere Eigenschaften oder spezifische Einstellungen, die insbesondere am Arbeitsplatz relevant sind, wie etwa das Verhalten gegenüber Autoritäten oder die Einstellung bezüglich der Leistungsmotivation. Die Prägung bezieht sich hierbei im Grunde ausschließlich auf Kindheit, Jugend und die Phase des Eintritts in das Berufsleben. Die charakteristischen Merkmale der genannten Generationen werden als einheitlich und dauerhaft angesehen. Aus diesem Grunde können hinsichtlich möglicher Konflikte, die sich aus den intergenerationellen Differenzen ergeben, Handlungsempfehlungen für den Umgang mit Generation im Unternehmen abgeleitet werden (vgl. Oertel, 2007, S. 24-35).

3.5.2 Thematisierung in Deutschland

Generationen im Unternehmen werden in Deutschland erst seit kurzer Zeit im Rahmen der betriebswirtschaftlichen Forschung thematisiert. Die deutschsprachige Literatur bietet nur wenige Forschungsergebnisse, die sich explizit auf Generationen am Arbeitsplatz beziehen. Zudem handelt es sich häufig um Nebenergebnisse anderer Untersuchungsschwerpunkte, bspw. aus dem Bereich der Soziologie oder Pädagogik. Eine erste empirische Untersuchung und Modellentwicklung zum Verhalten von Generationen in deutschen Unternehmen führte Jutta Oertel durch. Hierbei wurde der amerikanische Modellansatz zunächst kritisch überprüft, um ihn im Anschluss aufbauend auf den entsprechenden Forschungsergebnissen auf deutsche Verhältnisse zu übertragen. Unterschiede der Länder in Bezug auf prägende soziale und gesellschaftliche Ereignisse fanden also Berücksichtigung. Ein Ergebnis ist die Identifikation fünf verschiedener (westdeutscher) Generationszusammenhänge im Arbeitsleben, die sich u.a. durch ihren jewei-

---

[11] Zu den entscheidenden Schwachstellen des amerikanischen Modells zählt u.a., dass die Ergebnisse der amerikanischen Autoren häufig auf subjektiven Erfahrungen basieren und entsprechend geprägt sind. Zudem gibt es beim Bezug auf Studien häufig keine detaillierten Angaben zur Methodik. Bei belegbaren Untersuchungen handelt es sich meist um kleine Datenerhebungen (vgl. Oertel, 2007, S. 24-35).

ligen aktuellen Lebensabschnitt unterscheiden (vgl. Oertel, 2007, S. 24, S. 35, S. 227 und S. 365). Im unternehmerischen Kontext kann eine Generation als „eine Altersgruppe von Menschen verstanden werden, die sich nur aufgrund ihrer altersspezifischen Prägung in ihren Werten, Fähigkeiten, Bedürfnissen [...] oder Verhaltensweisen deutlich und mit einer gewissen zeitlichen Stabilität von der nächsthöheren und der nächstuntersten Altersgruppe abgrenzen lässt" (Oertel, 2007, S. 93). Hierbei ist zu beachten, dass diese Unterschiede von einer bestimmten Altersgruppe (und /oder anderen Altersgruppen) möglicher Weise jedoch nicht wahrgenommen werden und aufgrund dessen auch kein entsprechendes Zugehörigkeitsbewusstsein oder Generationsbewusstsein empfindet. Ebenso bleibt zu prüfen, ob eine bestimmte generationenspezifische Wahrnehmung tatsächlich korrekt ist (vgl. Oertel, 2007, S. 93). Die „Definition" einer bestimmten Altersgruppe kann anhand unterschiedlicher Altersgrenzen festgelegt werden. Das statistische Bundesamt teilt die Gesamtheit der Erwerbspersonen in drei altersspezifische Gruppen ein. Hierbei handelt es sich um eine jüngere Altergruppe von 20- bis unter 30-Jährigen, eine mittlere Altergruppe von 30- bis unter 50-Jährigen sowie eine ältere Altergruppe von 50- bis unter 65-Jährigen (vgl. Stat.BA, 2009, S. 18). Oertel stellt als Ergebnis ihrer Untersuchungen die fünf Generationszusammenhänge „Kriegskinder" (Kindheit zwischen 1940 und 1950), „Konsumkinder" (Kindheit zwischen 1950 und 1960), „Krisenkinder" (Kindheit zwischen 1960 und 1970), „Medienkinder" (Kindheit zwischen 1970 und 1980) und „Netzkinder" (Kindheit zwischen 1980 und 1990) heraus (vgl. Oertel, 2007, S. 227). Andere Autoren wählen teils andere, jedoch ähnliche Bezeichnungen und Zeitspannen hinsichtlich der Einteilung verschiedener Generationen (siehe bspw. Bruch, Kunze & Böhm, 2010, S. 95).

3.6 Kritik bezüglich der Verwendung des Generationenbegriffes

So hilfreich die Verwendung des Begriffes Generation auch ist, gibt es einige Aspekte, die kritisch zu betrachten sind. In Zusammenhang mit der Begriffsverwendung besteht etwa die Gefahr, Gemeinsamkeiten bei Menschen ähnlichen Alters zu sehen, wo es diese nicht gibt, und diese darüber hinaus als spezifische handlungsrelevante Merkmale einer Generation zu kennzeichnen. Scheinbar charakteristische Verhaltensweisen werden als Folge altersspezifischer Erfahrungszusammenhänge bezeichnet, obgleich keine tatsächlichen kausalen Zusammenhänge existieren (vgl. Jureit, 2010, S. 11). Umfangreiche Gemeinsamkeiten und charakteristische Merkmale werden „durch die schlichte Tatsache, dass eine bestimmte Alterskohorte im gleichen Zeitraum geboren und sozialisiert wurde" (Jureit, 2006, S. 47) angenommen. Zwar besteht „die Tatsache, dass Menschen verwandter Jahrgänge historische Ereignisse aus derselben lebenszeitlichen Perspektive heraus wahrnehmen" (Jureit, 2006, S. 29), jedoch begründet diese Erfahrung nicht automatisch generalisierbare Denk-, Gefühls- und Handlungsmuster dieser Menschen. Die individuelle Persönlichkeit eines Menschen ergibt sich aus zahlreichen Faktoren, zu denen u.a. Instinkte, Bedürfnisse, Werte, Einstellungen, Fähigkeiten, Eigenschaften, Sozialisationsbedingungen und physische Merkmale zählen (vgl. Oertel, 2007, S. 70-76). Diese Tatsache sollte bei jeglichen Generalisierungsabsichten Beachtung finden. Eine allein altersabhängige Abgrenzung verschiedener Generationen ist darüber hinaus auch problematisch, da die Bedürfnisse und charakteristischen Merkmale eines Menschen immer auch abhängig von der jeweiligen Lebensphase und deren Anforderungen sind. 1975 und 1985 geborene Menschen würde man bspw. aufgrund ihres Alters verschiedenen Generationen „zuordnen" und ihnen folglich unterschiedliche charakteristische Merkmale zusprechen. Befinden sich diese Personen jedoch in einer ähnlichen Lebensphase, etwa da sie sich der Erziehung von Kindern in ähnlichem Alter widmen, so können aufgrund dessen durchaus deutliche Ähnlichkeiten bestehen.

Auch birgt die Verwendung von Stereotypen im Generationenkontext Gefahren. Zur Vereinfachung und Orientierung hinsichtlich des Verstehens und Strukturierens komplexer Sachverhalte sowie der Verarbeitung der enormen Informationsmengen aus der Umwelt, bildet der Mensch Erklärungsmuster, d.h. Kategorien und Stereotype. Als Stereotype bezeichnet man „Generalisierungen über eine Gruppe von Personen, wobei allen Mitgliedern dieser Gruppe die gleichen Merkmale zugewiesen werden" (Zimbardo & Gerrig, 2004, S. 818). Hierbei geht es um „Überzeugungen von Individuen hinsichtlich bestimmter Gruppen [...], die nicht unbedingt korrekt sein müssen" (Oertel, 2007, S. 84), die in Zusammenhang mit bestimmten Erwartungen stehen und sowohl positiver als auch negativer Art sein können (vgl. Zimbardo et al., 2004, S. 818; vgl. Oertel, 2007, S. 83). Generationelle Kategorisierungen, die bspw. durch mittlerweile verbreitete Bezeichnungen wie „Babyboomer", „Generation X" oder „Generation Y" Ausdruck finden, werden insbesondere im unternehmerischen Kontext gerne genutzt, um scheinbar charakteristische Merkmale einer bestimmten Alterskategorie zu identifizieren, diese besser zu verstehen und schließlich Empfehlungen für den Umgang mit den Mitgliedern einer bestimmten Alterskategorie abzuleiten. Doch selbst bei zutreffenden und tatsächlich hilfreichen Kategorisierungen besteht die Gefahr einer zu starken Verallgemeinerung, wodurch eine differenzierte Betrachtung des einzelnen Individuums und seiner individuellen Eigenschaften, Fähigkeiten und Kompetenzen vernachlässigt wird. Mit der Bildung von Stereotypen kann also die Bildung von Vorurteilen einhergehen, die schließlich zu einer Verallgemeinerung führt, die auf den Einzelnen nicht zutrifft und möglicher Weise nachteilige Konsequenzen für diesen hat (vgl. Oertel, 2007, S. 83-84). In diesem Zusammenhang ist auch kritisch zu hinterfragen, ob es sich im unternehmerischen Kontext tatsächlich um generationsbedingte Probleme handelt oder ob diese eher auf allgemeine Mängel im Personalmanagement eines Unternehmens schließen lassen (vgl. Oertel, 2007, S. 31). Auch erfolgt heute unabhängig von altersspezifischen Zuschreibungen eine besonders breite Verwendung des Begriffes

Generation, insbesondere über die Medien[12]. Die intensive öffentliche Thematisierung und Diskussion lässt ein gesteigertes Interesse an der Generationenthematik vermuten. Fraglich ist jedoch, ob den zahlreichen Generationsbezeichnungen tatsächlich generationelle Gemeinsamkeiten bestimmter Gruppen von Menschen zugrunde liegen. Über die Medien werden zahlreiche generationelle Identifikationsangebote vermittelt, wobei viele lediglich als „Generationenetikett" bezeichnet werden können, die dem jeweiligen Autor erhöhte öffentliche Aufmerksamkeit versprechen (vgl. Jureit, 2006, S. 96-97; vgl. Lüscher, 2003, S. 239). Beispiele hierfür sind „Generation Kostenlos", „Generation Riesling", „Generation doof" (vgl. Internetquellen 3.3-3.5). Umso wichtiger wird folglich die kritische Auseinandersetzung mit dem Generationenbegriff. Es ist zu prüfen, in welchen Fällen die Bezeichnung „Generation" im Sinne wissenschaftlicher Kriterien tatsächlich stimmig ist und in welchen Fällen der Begriff nur des Begriffes und nicht des Inhaltes wegen Verwendung findet. Darüber hinaus sollte auch die Neigung des Menschen zur Bildung von Stereotypen bedacht und die Konsequenzen, die sich daraus in Hinblick auf generationelle Kategorisierungen ergeben, kritisch hinterfragt werden. Zudem ist bei der generationsspezifischen Argumentation und Begriffsverwendung immer zu bedenken, ob es sich bei Merkmalen, die als generationsspezifisch bezeichnet werden, nicht schlicht um allgemein menschliche Merkmale handelt. Insgesamt ist es hilfreich, Fragen nach dem Akteur, der Referenz, dem Objekt sowie dem Kontext in der Auseinandersetzung mit einer bestimmten Generation besondere Beachtung zu schenken. Konkret bedeutet dies die Berücksichtigung folgender Fragen (Jureit, 2006, S. 129):

Akteur: Wer definiert wen wann mit welchen Interessen und Argumenten als Generation?
Referenz: Welche Bezugsgröße sieht man als generationsstiftend an?
Objekte: Wie wird der generationelle Zusammenhang kommunikativ hergestellt?
Kontext: Welcher gesellschaftliche Erfahrungswandel wird in der generationellen Darstellung ausgedrückt?

3.7 Zusammenfassung und Schlussfolgerung

Der gesellschaftliche Wandel bringt veränderte gesellschaftliche Rahmen- und Sozialisationsbedingungen mit sich, die die Lebensweise der heute lebenden Menschen in jeweils unterschiedlichen Lebensphasen betreffen. Durch die Bedingungen der heutigen Gesellschaft erfahren sowohl heute geborene als auch junge Menschen, die gerade am Beginn ihres Berufslebens stehen, Menschen mittleren Alters oder im Rentenalter eine Prägung, wenn auch auf jeweils andere Art und Weise. Hinsichtlich dieser Tatsache spielt der Generationenbegriff eine besondere Rolle. Als „zeitlicher Ordnungsbegriff [...] ver-

---

[12] Beispiele für Medien sind die Tagespresse, Bücher oder (Fach-) Magazine

spricht [er], eine spezifische Ausprägung des Denkens, Fühlens und Handelns zu erklären, indem die unterstellte dauerhafte und gleichartige Wirkung von Sozialisationsbedingungen als kollektive Erfahrung aufgefasst wird" (Jureit, 2006, S. 7-8). Hierbei wird angenommen, „durch die Gleichzeitigkeit des Erfahrungsgewinns, durch ähnlich gelagerte Sozialisations- und Prägungszusammenhänge entstünde eine gefühlte Verbundenheit zwischen Angehörigen verwandter Jahrgänge [...]" (Jureit, 2006, S.7-8). In Hinblick auf die Herausforderungen des demografischen Wandels, die sich für Unternehmen ergeben, gewinnen die Fragen, „ob sich [...] Generationstypen identifizieren lassen, die sich anhand charakteristischer Merkmale deutlich voneinander unterscheiden" (Oertel, 2007, S. 11) und „ob und wie generationelle Prägungen spätere kollektive Handlungsmuster beeinflussen können" (Jureit, 2010, S. 5) an Bedeutung. In Zusammenhang mit den in Kapitel 2.6 beschriebenen Konsequenzen für die Zusammenarbeit verschiedener Generationen im Unternehmen ist zu beachten, dass „das Problem [...] eher im Umgang mit den Verschiedenheiten als in den Verschiedenheiten selbst [liegt]" (Oertel, 2007, S. 29). Aus bestimmten Rahmenbedingungen und der wechselseitigen Interaktion verschiedener Generationen können sich Generationenkonflikte ergeben, die eine besondere Herausforderung für Unternehmen darstellen. Vor dem Hintergrund gesellschaftlicher Veränderung und Weiterentwicklung ist es für Unternehmen in diesem Zusammenhang jedoch unabdingbar, dass die Gestaltung der Zusammenarbeit verschiedener Generationen gelingt. Es kann daher erforderlich werden, die Ausrichtung der Personalmanagementstrategie entsprechend anzupassen, um die Zukunftsfähigkeit des Unternehmens zu sichern. Hierzu bedarf es der Entwicklung und Implementierung geeigneter Maßnahmen (vgl. Wahrig et. al, 1981, S. 143; vgl. Lüscher, 2003, S. 43).

4. Generation Y

Voraussetzung für die Entwicklung von Maßnahmen hinsichtlich eines erfolgreichen Generationenmanagements im Unternehmen ist die Kenntnis der charakteristischen Merkmale der verschiedenen Generationen. Nachfolgend werden die charakteristischen Merkmale der „Generation Y" untersucht. Hier geht es insbesondere um Merkmale, die im unternehmerischen Kontext von Bedeutung sind. Inhalt dieses Kapitels sind zunächst Erkenntnisse, die sich aus der theoretischen Aufarbeitung des Themas ergeben haben.

4.1 Definition

Erstmals verwendet wurde der Begriff „Generation Y" in einem Artikel der amerikanischen Zeitschrift „Advertising Age" im Jahr 1993. Die Definition umfasst hierbei zwischen 1984 und 1994 geborene Personen. Heute sind zahlreiche weitere Definitionen zu finden, die sich in Hinblick auf die zugrunde liegende Altersspanne voneinander unterscheiden. So umfasst eine andere Definition bspw. Personen, die ab 1981 geboren wurden. Eine einheitliche Definition der „Generation Y" existiert nicht (vgl. Böhm, Bruch & Kunze, 2010, S. 95; vgl. Klaffke & Parment, 2011, S. 5-6; vgl. Parment, 2009, S. 15-16).

Die Altersspanne, die der Definition der „Generation Y" zugrunde liegt, ist entsprechend nicht als „absolut" und starr zu betrachten. Aufgrund bestimmter Eigenschaften und Verhaltensweisen können dieser Generation durchaus auch Personen die bspw. 1970 geboren sind zugeordnet werden. Wie auch bei anderen theoretischen Modellen existieren Ausnahmen und „Grauzonen" (vgl. Parment, 2009, S. 17-18).

Unabhängig von den leichten Abweichungen hinsichtlich der definierenden Altersangaben wird die „Generation Y" in der aktuellen Diskussion vorwiegend in Hinblick auf ihre charakteristischen Merkmale in Bezug auf das Arbeitsleben thematisiert. Es geht also um junge Menschen im erwerbsfähigen Alter und ihre Eigenschaft als (zukünftige) Nachwuchskraft im Berufsleben.

Alternativ zur Bezeichnung „Generation Y" finden sich in der deutschsprachigen Literatur u.a. Begriffe wie „Netzkinder" oder „Internetgeneration" (vgl. Böhm et. al, 2010, S. 95; vgl. Oertel, 2007, S. 166).

In der englischsprachigen Literatur finden neben dem Begriff „Generation Y" insbesondere die Bezeichnungen „Millennials" und „trophy kids" Verwendung (vgl. Alsop, 2008, S. 3-4).

Während sich die vier amerikanischen Generationsidealtypen „Veterans" (geboren 1925-1945), „Baby Boomers" (geboren 1946-1964), „Generation X" (geboren 1965-1979) und „Millennials" (geboren 1980 bis 2001) herausgebildet haben, geht man in Deutschland von fünf Generationen aus, die sich jeweils aufgrund charakteristischer Merkmale voneinander abgrenzen und das Arbeitsleben (bis) heute prägen. Basierend auf der Klassifikation der Generationsidealtypen nach Oertel (siehe Kaptiel 3) haben Böhm et al. eine Anpassung hinsichtlich der Bezeichnungen und Jahrgänge der deutschen Generationen vorgenommen. Sie sprechen von den Generationsidealtypen „Nachkriegsgeneration" (Geburtsjahrgänge ca. 1935-1945), „Wirtschaftswundergeneration" (Geburtsjahrgänge ca. 1946-1955), „Baby Boomer Generation" (Geburtsjahrgänge ca. 1956-1965), „Generation Golf" (Geburtsjahrgänge ca. 1966-1980) sowie der „Internetgeneration" (Geburtsjahrgänge ab ca. 1981) (vgl. Alsop, 2008, S.4-5; vgl. Böhm et al., 2010, S. 94-95; vgl. Howe & Strauss, 2007, S. 43-46). Es wird deutlich, dass bei der Namensgebung der „Generation Y" eine Orientierung an der voran gegangenen „Generation X" erfolgte.

Beachtlich ist, dass sich Studien, die die „Generation Y" thematisieren, überwiegend auf Absolventen beziehen. Junge Erwerbsfähige, die kein Studium absolviert haben, werden hierbei also eher vernachlässigt. Da „die Wirtschaft [langfristig] an allen Potenzialen der Gesellschaft [...] Bedarf hat", ist diese Vorgehensweise jedoch nicht nachvollziehbar (vgl. Goebel, 2011, S. 117-119).

4.2 Ergebnisse deutscher Studien

Aus Repräsentativbefragungen des Sozialforschers Horst W. Opaschowski wird eine zunehmende Leistungsorientierung der Nachwuchskräfte ersichtlich, wobei Lebensfreude und –genuss als ebenso wichtig erachtet werden. Für die junge Generation stellen Leistung und Lebensgenuss also keinen Widerspruch dar. Es geht um eine gleichwertige Positionierung und nicht (mehr) um zwei Alternativen. Neben der Ansicht, dass Lebensgenuss nicht ohne Leistung möglich ist, wird Lebensgenuss gleichzeitig auch als Voraussetzung für Leistungsfähigkeit angesehen (vgl. Opaschowski, 2009, S. 625-626).

Auch die „Shell-Jugendstudie 2010" liefert repräsentative Ergebnisse hinsichtlich der Lebenssituation und der Einstellungen der Nachwuchskräfte des heutigen Arbeitsmarktes, auch wenn die Altersspanne der befragten Jugendlichen (12 bis 25 Jahre) etwas von den üblichen Definitionen der „Generation Y" abweicht. Bereits seit 2002 beobachten die Studienautoren, dass Jugendliche sich zunehmend wieder an gesellschaftlichen Leistungsnormen orientieren. Gleichzeitig „verteidigen [die Jugendlichen] in einer Zeit, die ihnen immer mehr Qualifizierungsaufwand und Leistungsenergie abfordert, die Freiräume der Lebensfreude und suchen mit praktischer Kreativität beides zu verbinden" (Gensicke, 2010, S. 188). Jugendliche bewerten Leistung und (Lebens-) Genuss heute annähernd gleich, während für die übrige Bevölkerung mit zunehmendem Alter das Leistungs- und Erfolgsstreben im Vordergrund steht (vgl. Gensicke, 2010, S. 194-198). Neben dem (Lebens-) Genuss geht es hier insbesondere auch um den zunehmenden Wunsch der Jugendlichen nach einem hohen Lebensstandard, der insbesondere „den Aspekt der Bedürfnisbefriedigung im Sinne des Genusses einer Gratifikation aus[drückt]" (Gensicke, 2010, S. 200).

In Bezug auf eine berufliche Karriere zeigen sich die Nachwuchskräfte leistungsmotiviert, zielstrebig und erfolgsorientiert, lassen sich aber gleichzeitig „nicht mehr nur von ‚harten Prinzipien' wie Geld, Macht und Aufstiegsstreben leiten" (Opaschowski, 2009, S. 134).

Auf dem Jahressymposium des RHI 2010 erläutert Opaschowski einige Erkenntnisse seiner Zukunftsforschung hinsichtlich der jungen Generation. Diese hält es demnach für wichtiger, glücklich als reich zu sein. Materielle Statussymbole und Konsumstreben rücken entsprechend eher in den Hintergrund, während ihr Verständnis von Wohlstand insbesondere Lebenszufriedenheit beinhaltet. „Hilfs- und Verantwortungsbereitschaft sowie die Forderung nach mehr Sicherheit und Gerechtigkeit zeigen das Bild einer neuen Generation, die immateriellen Werten einen immer höheren Stellenwert zuweist […]" (RHI, 2011, S. 27).

Hinsichtlich der Bewertung beruflichen Erfolgs sind Differenzen zwischen Frauen und Männern erkennbar. Frauen binden Erfolgserlebnisse weniger als Männer an die Höhe des Einkommens oder Aufstiegsstufen im Unternehmen und halten ein hohes Gehalt für weniger wichtig als Männer (vgl. Opaschowsi, 2009, S. 132-134).

Zahlreiche Studien, die speziell die „Generation Y" thematisieren, zeigen, dass junge erwerbsfähige Personen bei der Arbeitgeberwahl insbesondere Wert auf „weiche Faktoren" wie „herausfordernde Arbeit", „kollegiales Arbeitsumfeld", „Standort", „Job-Sicherheit", „Weiterbildungs- und Entwicklungsmöglichkeiten" sowie „Work-Life-Balance" legen. Neben diesen Faktoren ist der Vergütungsaspekt in Hinblick auf die Attraktivität eines (potentiellen) Arbeitgebers von entscheidender Bedeutung. Dieser Faktor gehört für Nachwuchskräfte meist zu den wichtigsten Faktoren bei der Arbeitgeberwahl. Als wichtigster Faktor wird die Vergütung jedoch nur in den wenigsten Fällen bezeichnet (vgl. Internetquelle 4.2, 2009, S. 12-15; vgl. Internetquelle 4.3, 2011, S. 4-5; vgl. Internetquelle 4.7, 2009/2010b, S. 4-5).

Dass „Vergütung" einen hohen Stellenwert für junge erwerbsfähige Menschen hat, geht besonders deutlich aus der Studie „Arbeitgeber-Attraktivität aus Sicht von Studierenden" der Otto-von-Guericke-Universität Magdeburg sowie einer Befragung von 841 Personen im Alter von 18-25 Jahren durch die Firma Johnson Controls hervor. Hier wurde der Faktor „Verügung" von den befragten Studenten sogar auf den ersten Platz einer Rangreihe von Attraktivitätsfaktoren gewählt (vgl. Internetquelle 4.5, 2010b, S. 12; vgl. Metop GmbH, 2009, S. 37).

In Hinblick auf eine differenziertere Betrachtung des Vergütungsaspekts geht aus einer wissenschaftlichen Studie der Otto-Friedrich-Universität Bamberg hervor, dass Nachwuchskräften eine faire Vergütung weitaus wichtiger ist als ein hohes Gehalt (vgl. Becker, 2011, S. 32-33). Auch eine Untersuchung der Kienbaum Management Consultants GmbH zeigt, dass für die Nachwuchskräfte nicht im Vordergrund steht, eine besonders hohe Vergütung zu bekommen (vgl. Internetquelle 4.6, 2009/2010a, S. 10-11).

Bezüglich der Einstellung Jüngerer gegenüber Älteren lassen wissenschaftliche Studien eine solidarische Haltung erkennen. Opaschowski stellt eine umfangreiche und intensive „gelebte[r] und praktizierte[r] Alltagssolidarität zwischen den Generationen" fest (Opaschowski, 2009, S. 514). Werte wie Vertrauen, Verlässlichkeit, soziales Miteinander und Verantwortungsbewusstsein stehen für junge Menschen hinsichtlich des gesellschaftlichen Zusammenlebens im Vordergrund (vgl. RHI, 2011, S. 27). Laut den Autoren der Shell-Jugendstudie 2010 „[wird] von den Jugendlichen Generationengerechtigkeit vor dem Hintergrund des demografischen Wandels so begriffen [...], dass hierbei weder Junge noch Alte einseitig bevorzugt oder benachteiligt werden sollen" (Albert & Schneekloth, 2010, S. 168).

Die Ergebnisse anderer Autoren weisen in diesem Zusammenhang darauf hin, dass die „Generation Y" gegenüber dem Senioritätsprinzip eher negativ eingestellt ist. So wird etwa die Befürchtung geäußert, dass junge Erwerbsfähige bei einem senioritätsbasierten Vergütungssystem ihre Kooperationsbereitschaft einschränken oder gar zu Wettbewerbern wechseln (vgl. Laick, 2010, S. 19; vgl. Stettes, 2010, S. 46-47).

4.3 Unterschiede zwischen der deutschen und der US-amerikanischen „Generation Y"

Ergebnisse der Studien „Generation Y and the Workplace – Annual Report 2010" und „Oxygenz Country Report: Germany", die von der Firma Johnson Controls herausgegeben wurden, ermöglichen einen Vergleich der Mitglieder der „Generation Y" verschiedener Länder. Bei einer Gegenüberstellung deutscher und US-amerikanischer Mitglieder der „Generation Y" sind Unterschiede hinsichtlich der Attraktivitätsfaktoren, die bei der Wahl eines Arbeitgebers entscheidend sind erkennbar. Für die 539 Befragten 18-25-Jährigen in den USA bilden die drei wichtigsten Faktoren bei der Arbeitgeberwahl „sinnvolle Aufgaben", „Lebensqualität" und „kollegiales Arbeitsumfeld" (vgl. Internetquelle 4.4, 2010, S. 100). Aus den Ergebnissen der 841 befragten deutschen Personen im Alter von 18 bis 25 Jahren ging hingegen eine andere Rangreihe der wichtigsten Kriterien bei der Arbeitgeberwahl hervor. Als wichtigsten Faktor nennen diese „Vergütung", gefolgt von den Aspekten „kollegiales Arbeitsumfeld" und „sinnvolle Aufgaben" (vgl. Internetquelle 4.5, 2010 b, S. 12). Deutschen Mitgliedern der „Generation Y" scheint der Vergütungsaspekt demnach wichtiger zu sein als US-amerikanischen jungen Erwerbsfähigen. Dennoch sollten diesbezüglich generalisierende Aussagen vermieden werden, da u.a. keine Informationen zu den methodischen Gütekriterien Objektivität, Validität und Reliabilität der Studie vorliegen.

4.4 Zur Aussagekraft der einzelnen Erkenntnisse

Insbesondere ist hinsichtlich der gewonnen Erkenntnisse zur „Generation Y" zu beachten, dass sich die Interessen, Fähigkeiten, Neigungen, Einstellungen, Meinungen und Verhaltensweisen des einzelnen Individuums deutlich von diesen unterscheiden können. Selbst eine Tendenz, die aufgrund fundierter wissenschaftlicher Untersuchungen ersichtlich wird, kann lediglich eine Orientierung hinsichtlich der Meinungen einer bestimmten Gruppe von Menschen bieten. Im konkreten Fall sollten immer der einzelne Mensch und seine individuelle Persönlichkeit im Vordergrund stehen und entsprechende Beachtung finden.

Beachtet werden sollte insgesamt auch, dass Trendstudien, die z.B. von der Zukunftsinstitut GmbH (siehe Internetquelle 4.1, 2010) oder der trendence Institut GmbH (siehe Ruf, 2011, S. 52-57). durchführt werden, zwar durch ihre öffentliche Präsenz weite Verbreitung finden, es sich hierbei jedoch meist nicht um fundierte wissenschaftliche Untersuchungen handelt. Trendforscher leisten überwiegend journalistische Arbeit. Die veröffentlichten Ergebnisse basieren entsprechend oft lediglich auf (Gegenwarts-) Recherchen. Zudem zeichnen sie sich häufig durch ihren alarmierenden Charakter aus (vgl. Opaschowski, 2009, S. 701-704). Die aufgeführten Erkenntnisse fundierter wissenschaftlicher Untersuchungen sind entsprechend insgesamt als aussagekräftiger zu bewerten als die Ergebnisse von Trend-Studien oder nicht wissenschaftlich belegbaren Aussagen.

5. Erfolgskritische Faktoren für die Gestaltung des Vergütungsmanagements

Die Vergütung ist zum zentralen Führungsinstrument in Unternehmen geworden. Mit dieser Entwicklung geht zunehmend das Ziel einher, durch die Gestaltung des Vergütungssystems eine leistungsmotivierende Wirkung auf Mitarbeiter zu erreichen (vgl. Jung, 2011, S. 895). In diesem Zusammenhang stellt sich jedoch die Frage, ob durch monetäre Anreizsysteme die Motivation eines Menschen hervorgerufen bzw. gefördert werden kann und welche Faktoren generell Arbeitszufriedenheit und Motivation von Mitarbeitern bestimmen. Zu den zentralen Interessen eines Unternehmens gehört, dass Mitarbeiter langfristig leistungsbereit und produktiv sind. Aus diesem Grund ist es unabdingbar, geeignete Rahmenbedingungen zu schaffen, die Motivation und Arbeitszufriedenheit von Mitarbeitern dauerhaft ermöglichen und fördern. Hierbei sind auch Gerechtigkeitsaspekte von besonderer Relevanz.

5.1 Gerechtigkeit

In der Bestimmung des Begriffs „Gerechtigkeit" liegt eine besondere Schwierigkeit, da es eine Vielfalt konzeptioneller Zugänge und Erklärungstheorien gibt. Ein einheitliches Verständnis des Begriffs kann folglich nicht erzielt werden. Darüber hinaus ist die Bestimmung von Gerechtigkeit kontext- und zeitabhängig. Meinungen Einzelner zur Gerechtigkeit sind geprägt von subjektiver Empfindung (vgl. RHI, 2011, S. 7; vgl. Weiskopf, 2004, S. 215-216).

Nachfolgend sollen grundlegende Kriterien von Gerechtigkeit erläutert und gängige Gerechtigkeitstheorien aufgezeigt werden, die insbesondere bei der Begriffsverwendung im unternehmerischen Kontext relevant sind.

5.1.1 Grundlegende Kriterien von Gerechtigkeit

Bei Gerechtigkeitsproblemen stehen interpersonelle Vergleiche mit Blick auf die Verteilung knapper Güter, Lasten und Entschädigungen im Vordergrund. Hierin liegt der Unterschied zu anderen moralischen Fragestellungen. Bei der Verteilung knapper Güter stellt sich zum einen die Frage, ob in angemessenem Maße gleich verteilt wurde. Gleichzeitig geht es jedoch auch um die Frage, ob Aspekte der individuell unterschiedlichen Leistung und Bedürftigkeit eines Menschen Beachtung fanden. Zentral ist bei Gerechtigkeit die Verteilung *knapper* Güter. Geht es um die Verteilung von Gütern, die im Überfluss vorhanden sind, so bedarf es keiner Gerechtigkeit (vgl. Horn, 2003, S. 25; vgl. Spaemann, 2009, S.50).

Für eine gerechte Verteilung wird ein Verteilungsmaßstab benötigt, dessen Kriterien allerdings beliebig sind. Gerechtigkeit bedeutet jedoch, dass die gewählten Kriterien allgemeingültig sind und deren Bestimmung nicht aufgrund subjektiven Interesses bestimmter Personen erfolgt. Die Aufstellung einer Verteilungsmaßstabes darf nicht von vornherein zum Vor- oder Nachteil für bestimmte Menschen erfolgen und auch bei der Anwendung darf es keine Manipulation geben, die eine Begünstigung oder Schlechterstellung bestimmter Personen nach sich zieht (vgl. Spaemann, 2009, S. 51 und S. 56). Insgesamt ist das Gerechtigkeitsempfinden einer Person in starkem Maße subjektiv geprägt. Es geht also bei einer Beurteilung von Fairness und Gerechtigkeit immer um die von einer Person subjektiv wahrgenommene und empfundene Gerechtigkeit. Hinsichtlich der Wahrnehmung verschiedener Menschen können sich teils erhebliche Differenzen ergeben (vgl. Comelli, 2003, S. 156; vgl. Liebig, 2011, S. 10-11 und S. 16-18).

5.1.2 Unterschiedliche Gerechtigkeitstheorien

Die Basis konkurrierender Gesichtspunkte bilden unterschiedliche Gleichheitsprinzipien. Schon die Philosophen der Antike unterschieden zwischen verschiedenen Prinzipien zur Verteilung von Gütern. Hierbei handelt es sich um die arithmetische Gleichheit, die proportionale Gleichheit sowie die Proportionalität im Verhältnis zu den Bedürfnissen eines Menschen. Das erstgenannte Prinzip besagt, jeder bekommt „das Gleiche". So bleiben andere Kriterien, wie beispielsweise Qualifikation oder Leistung unberücksichtigt. Knappe Güter werden gleich verteilt. Bei der proportionalen Gleichheit hingegen steht jedem „das Seine" zu. Die Verteilung erfolgt gemäß einer bestimmten Leistung oder Fähigkeit. Dieses Prinzip kommt der Gerechtigkeit schon näher, doch bleibt fraglich, wie Leistung definiert und bewertet wird. Des Weiteren spielen hier unbeeinflussbare Komponenten, wie die Begabung eines Menschen, eine Rolle. Platon hält die jeweilige Reinform dieser Prinzipien für ungerecht und misst beiden gleichermaßen eine große Bedeutung zu. Zu einer gerechten Gesellschaft gehört allerdings noch ein drittes Prinzip, die Proportionalität im Verhältnis zu den Bedürfnissen eines Menschen. Nach diesem Prinzip muss derjenige, gemäß seiner Bedürfnisse, Unterstützung erhalten, der sich aus seiner Position heraus selbst nicht helfen kann (vgl. Spaemann, 2009, S. 58-59).

Im Rahmen der Vergütungspolitik finden sich diese drei Verteilungsprinzipien der Antike wieder. Heute werden diese Gleichheitsprinzip, Leistungsprinzip und Bedürfnisprinzip genannt. Aufbauend auf diesen drei Elementen der Gerechtigkeit werden im Rahmen der Gerechtigkeitsforschung „Prinzipien der Tausch- und Verteilungsgerechtigkeit" von „Prinzipien der Verfahrens- und Interaktionsgerechtigkeit" unterschieden. Bei den erst genannten Prinzipien steht die Beurteilung von Ergebnissen der Zu- und Verteilung von Gütern und Lasten im Vordergrund. Zentral für die letzt genannten Methoden ist hingegen der Entscheidungsprozess, der zu einem bestimmten Zu- und Verteilungsergebnis führt. Die Ergebnisse empirischer Gerechtigkeitsforschung zeigen, dass die Verfahrens- und Interaktionsgerechtigkeit von Menschen als wichtiger erachtet wird als die Tausch- und Verteilungsgerechtigkeit. Das Ergebnis eines Verteilungsverfahrens wird eher akzeptiert, sofern es sich um ein Ergebnis eines gerechten Prozesses handelt (vgl. Liebig, 2011, S. 11-13 und S. 17-18).

5.1.3 Generationengerechtigkeit

Hinsichtlich der Bedeutung von Generationengerechtigkeit herrscht eine ähnliche Meinungsvielfalt. In der Literatur wird der Begriff insbesondere in Verbindung mit den Pflichten staatlicher Institutionen in Hinblick auf eine gerechte Verteilung zwischen verschiedenen Generationen verwendet, etwa bei der Diskussion um die Effizienz des deutschen Rentensystems vor dem Hintergrund des demografischen Wandels. Darüber hinaus ist in Zusammenhang mit Generationengerechtigkeit vielfach die Rede von Generationenerbe und Nachhaltigkeit (vgl. exemplarisch Becker & Hauser, 2009, S. 40-46; RHI, 2011, S. 22-23 sowie Tremmel, 2003, S. 29-30). Zentral bei der thematischen Auseinandersetzung mit Generationengerechtigkeit ist jedoch, dass „[g]enerationengerechte Lösungen [...]für Jung und Alt fair sein [müssen]" (Gründinger, 2009, S. 202).

5.2 Motivation

An dieser Stelle wird nun die grundlegende Bedeutung von Motivation erläutert.

Motivation kann als die innere Kraft eines Menschen, etwas erreichen zu wollen verstanden werden. Nach Reinhard Sprenger besitzen alle Menschen diese Kraft, wenn auch in jeweils unterschiedlich starkem Ausmaß. Der Mensch ist von sich aus motiviert (vgl. Sprenger, 2006, S. 10). Man spricht in diesem Zusammenhang auch von der „Eigensteuerung des Individuums" (Sprenger, 2009, S. 24). Diese Form der Motivation wird auch als „intrinsische Motivation" bezeichnet, was bedeutet, dass jemand „etwas um seiner selbst willen [tut]" (Semmer et al., 2004, S. 163). Demgegenüber steht die „extrinsische Motivation", bei der es darum geht, dass ein Mensch ein bestimmtes Verhalten zeigt, „weil es zu erwünschten Konsequenzen (Lob, Geld etc.) führt" (Semmer et al., 2004, S. 163). Sprenger bezeichnet diese Art der Motivation auch als „Motivierung" und beschreibt hiermit, die versuchte Fremdsteuerung eines Menschen durch Andere (vgl. Sprenger, 2006, S. 16-18). Eine Tätigkeit ist hierbei „nicht in sich selbst belohnend, sondern wird *von außen* und/oder *danach* belohnt" (Sprenger, 2006, S. 16). Insbesondere die dauerhafte Motivation eines Menschen ergibt sich aus dessen Eigeninitiative und Eigenleistung. Motivierung kann hingegen lediglich, falls überhaupt, eine kurzfristige Wirkung zeigen (vgl. Sprenger, 2006, S. 17). Insgesamt steht Motivation immer in Verbindung mit einer Handlung und ist sowohl abhängig von der betreffenden Person sowie einer bestimmten Situation. Entsprechend des Wortursprungs (lat. movere = bewegen), gibt Motivation einen Beweggrund für ein Verhalten an (vgl. Sprenger, 2006, S. 10-15).

Derzeit existiert in der Literatur noch keine einheitliche Theorie, um das menschliche Verhalten und in diesem Zusammenhang die Leistungsmotivation eines Mitarbeiters im Unternehmen zu erklären. Die verschiedenen vorliegenden Theorien lassen sich grob in Inhalts- und Prozesstheorien unterteilen. Im Fokus der Inhaltstheorien steht die Identifikation von Faktoren, die die Arbeitsmotivation eines Menschen begründen und innerhalb einer Person liegen. Analysiert werden hierbei insbesondere Verhalten verursachende Bedürfnisse sowie Be- und Entlohnungen. Bei den Prozesstheorien stehen demgegenüber mit der Motivation einhergehende kognitive Prozesse im Vordergrund. Es geht um die Frage, wie das menschliche Verhalten gesteuert wird. In diesem Zusammenhang sind die von einer Person erwarteten Ziele oder Ergebnisse ihres Verhaltens zentral (vgl. Weinert, 2004, S. 190 und S. 205). Im Anschluss an die Erläuterung der beiden populärsten Innhaltstheorien wird die sog. „Equity-Theorie" von Adams als Beispiel für eine Prozesstheorie dargelegt.

5.2.1 Die Zwei-Faktoren-Theorie nach Herzberg

Mit seiner Zwei-Faktoren-Theorie erklärt Herzberg „das Ausmaß der Arbeitszufriedenheit, das ein Mitarbeiter erlebt" (Holling &Kanning, 2004, S. 71). Sie basiert auf der Annahme, dass Zufriedenheit nicht als das Gegenteil von Unzufriedenheit bezeichnet werden kann, sondern dass es vielmehr „zwei voneinander unabhängige Dimensionen [gibt], die Zufriedenheit bzw. Unzufriedenheit erklären" (Weinert, 2004, S. 198). Er unterscheidet in diesem Zusammenhang „Hygiene-Faktoren" und „Motivations-Faktoren". Hygiene-Faktoren betreffen die Arbeitsumwelt (z.B. das Verhalten von Kollegen), während Motivations-Faktoren die Interaktion von Mitarbeitern und dem Inhalt ihrer Arbeit betreffen (z.B. die Tätigkeit als solche). Werden die Hygiene-Faktoren von einem Mitarbeiter als schlecht empfunden, so hat dies dessen Unzufriedenheit zur Folge. Empfindet der Mitarbeiter diese Faktoren jedoch als gut, so trägt dies dazu bei, dass er nicht unzufrieden ist. Auf dieser Grundlage kann sich schließlich Arbeitszufriedenheit entwickeln, die wiederum abhängig von den Motivations-Faktoren ist. Existieren keine Motivations-Faktoren, so ist ein Mitarbeiter „nicht zufrieden".

Die genannte Theorie gründet auf einem humanistischen Menschenbild. Hierbei geht man davon aus, dass der Mensch von Natur aus gut ist und aus sich selbst heraus motiviert ist, Leistung zu erbringen (vgl. Holling et al., 2004, S. 71; vgl. Weinert, 2004, S. 197-198).

5.2.2 Die Bedürfnispyramide nach Maslow

Nach Maslow besitzt jeder Mensch eine Reihe biologisch determinierter Grundbedürfnisse. Diese Bedürfnisse bringt Maslow in eine hierarchisch strukturierte Ordnung von fünf Bedürfnisgruppen. Die erste Stufe der sog. „Bedürfnispyramide" nach Maslow bilden physiologische Bedürfnisse (u.a. nach Nahrung und Schlaf). Darauf folgen Sicherheitsbedürfnisse (u.a. nach Schutz und Stabilität), soziale Bedürfnisse (u.a. nach Zugehörigkeit zu sozialen Gruppen von Menschen und Liebe) sowie Bedürfnisse der Achtung und Wertschätzung, die sowohl die Selbst- als auch Fremdbeurteilung einer Person umfassen. Die fünfte und somit höchste Stufe betrifft schließlich das Selbstverwirklichungsbedürfnis des Menschen, auch Selbstaktualisierung genannt. Sofern die menschlichen Bedürfnisse einer Hierarchieebene „hinreichend" befriedigt sind, wendet sich der Einzelne der Erfüllung der Bedürfnisse der nächst höheren Stufe der Bedürfnispyramide zu. Solange die Bedürfnisse einer bestimmten Ebene nicht hinreichend erfüllt sind, werden Wahrnehmung und Denken des Menschen von dieser dominiert. Die ersten vier Ebenen werden entsprechend mit einem Defizitprinzip in Verbindung gebracht. Können die entsprechenden Bedürfnisse über längere Zeit nicht befriedigt werden, kann es zur Entstehung psychischer oder somatischer Erkrankungen kommen. Das Selbstverwirklichungsbedürfnis wird demgegenüber als Wachstumsbedürfnis bezeichnet. Hier gibt es also im Grunde keine „Befriedigungsgrenze". Maslow geht grundsätzlich davon aus, dass der Mensch nach Selbstverwirklichung strebt. Insgesamt ist zu beachten, dass Bedürfnisse unterschiedlicher Stufen durchaus gleichzeitig wirken, wobei sie sich hierbei hinsichtlich ihrer Intensität unterscheiden können (vgl. Holling et al., 2004, S: 69; vgl. Weinert, 2004, S. 191).

5.2.3 Die Equity-Theorie nach Adams

Die Equitiy-Theorie wird häufig auch als „Gleichheits- oder Gerechtigkeitstheorie" bezeichnet. Ihr liegt die Annahme zugrunde, dass „Mitarbeiter bestimmte kognitive Aktivitäten ausführen, wie [...] die Abschätzung von Fairness durch soziale Vergleiche mit anderen Mitarbeitern oder die Einschätzung zukünftiger Gehaltserhöhungen im Zusammenhang mit ihrer Arbeitsleistung" (Gerrig, 2004, S. 537). Der Mitarbeiter stellt seine Beiträge, d.h. seine im Beruf erbrachten Bemühungen und Leistungen, seinen Ergebnissen, d.h. der erhaltenen Be- bzw. Entlohnung gegenüber und vergleicht diese mit den Beiträgen und Ergebnissen relevanter Vergleichspersonen wie etwa Kollegen. Empfindet er das Verhältnis von Beitrag zu Ergebnis bei dieser Gegenüberstellung als gleich, so ist der Mitarbeiter zufrieden. Empfindet er dieses Verhältnis jedoch als ungleich, entsteht eine Unzufriedenheit, die dazu führt, dass der Mitarbeiter versucht, die Gleichheit, d.h. die Gerechtigkeit, durch eine Veränderung der entscheidenden Ergebnisse oder Beiträge zu verändern. In Abhängigkeit von Grund und Stärke der empfundenen Ungerechtigkeit, stehen dem Mitarbeiter nun unterschiedliche Handlungsoptionen zur Verfügung. So kann er bspw. seine Arbeitsleistung, d.h. seinen Beitrag, vermindern oder versuchen eine Erhöhung seiner Belohnung zu bewirken. Wichtig ist, dass sich die Beurteilung und Handlung eines Mitarbeiters hierbei immer aus seiner subjektiven Wahrnehmung von Gerechtigkeit bzw. Ungerechtigkeit ergibt, die nicht notwendiger Weise der Realität entsprechen muss (vgl. Gerrig et al., 2004, S. 537; vgl. Weitert, 2004, S. 211-213).

5.2.4 Der Zusammenhang von Geld und Motivation

Die Entlohnung (insbesondere eine fixe) kann als Hygiene-Faktor im Sinne Herzbergs verstanden werden. Wird die Entlohnung von einem Mitarbeiter als schlecht empfunden, kann dies entsprechend dessen Unzufriedenheit zur Folge haben. Eine variable Vergütung kann in diesem Zusammenhang eine Rückmeldung für eine Leistung und somit Ausdruck von Anerkennung im Sinne eines Motivations-Faktors sein, der die Arbeitszufriedenheit steigert (vgl. Comelli & Rosenstiel, 2003, S. 155; vgl. Pchtl & Schmalen, 2009, S. 178). Zu beachten ist hierbei jedoch, dass Geld scheinbar nur in einem ganz speziellen Zusammenhang als Motivator fungieren kann und zwar „wo es einen unmittelbaren und auch zeitnahen Zusammenhang zwischen der im Rahmen der Tätigkeit erbrachten Leistung und der dafür gezahlten finanziellen Zuwendung gibt" (Comelli et al., 2003, S. 155).

In Hinblick auf den Zusammenhang von Geld und Motivation spielt insbesondere auch der psychologische Mechanismus des „sozialen Vergleichs" eine bedeutende Rolle. Es liegt in der Natur des Menschen, sich mit Anderen zu vergleichen. Als Folge dieses Prozesses entwickelt der Einzelne individuelle Erwartungen, nach denen er letztlich auch sein Handeln ausrichtet. Für den Vergütungsbereich bedeutet dies, dass für den Mensch neben der absoluten Höhe seines Gehalts insbesondere die relative Einkommenshöhe von Bedeutung ist, d.h. die eigene Einkommensposition im Vergleich zu anderen. So stellt ein Mitarbeiter seine eigene Leistung und Entlohnung jener von Kollegen gegenüber. Das entsprechende Urteil und mögliche daraus folgende Handlungen basieren hierbei nicht auf einer objektiven Analyse der jeweiligen Leistungen und tatsächlich erhaltenen Belohnungen, sondern allein auf der subjektiven Wahrnehmung des Mitarbeiters. Entscheidend ist hierbei also die subjektiv wahrgenommene Gerechtigkeit einer Person. Innerhalb des beschriebenen Prozesses zieht der Mensch zudem vorwiegend solche Vergleichspersonen heran, die besser gestellt sind als er, sodass häufig die Wahrnehmung entsteht, man bekomme bei gleicher Leistung eine geringere Belohnung als andere, was wiederum zu Unzufriedenheit führt (Comelli, 2003, S. 155-156; vgl. Frey, 2010, 57-58).

Zudem kommen verschiedene wissenschaftliche Untersuchungen zu dem Ergebnis, dass Anreize den Eigenantrieb eines Menschen langfristig zerstören. Eine dauerhafte Verbesserung der Leistung durch Anreizsysteme konnte bisher nicht nachgewiesen werden. Die große Gefahr, von der Anreizsysteme begleitet werden, liegt in ihrer konditionierenden Wirkung. Das bedeutet, ein Mitarbeiter richtet sein Leistungsverhalten vorwiegend nach einer möglichst hohen in Aussicht gestellten Belohnung aus, während er das Interesse an der Arbeit als solche „aus den Augen verliert". Hinzu kommt, dass Motivierung stets neue Motivierung verlangt. Der Grund hierfür liegt darin, dass sich der Mensch sehr schnell an ein ständig wachsendes Reizniveau gewöhnt, welches jeweils den Ausgangspunkt für neue Anforderungen bildet (vgl. Sprenger, 2006, S. 52-54; vgl. Sprenger, 2009, S. 104-106). Aus der Tatsache, dass die eigentliche und dauerhafte Motivation eines Menschen immer Eigenleistung ist und diese nicht delegiert werden kann, wird ersichtlich, dass sich der Mensch nicht von außen steuern lässt (vgl. Sprenger, 2006, S. 16-17). Ein Ziel einer erfolgreichen Vergütungspolitik ist es, die intrinsische Motivation von Mitarbeitern langfristig zu fördern und Rahmenbedingungen zu schaffen, die diese ermöglichen.

6. Design und Ergebnisse der empirischen Studie

6.1 Charakteristika der Datenerhebung

Um „Mitglieder" der „Generation Y" zu ihrer Meinung hinsichtlich relevanter Aspekte bei der Arbeitgeberwahl sowie zu Gerechtigkeitsaspekten am Arbeitsplatz zu befragen, entwickelte die Verfasserin einen standardisierten selbsterklärenden Online-Fragebogen. Die technische Umsetzung erfolgte mit Hilfe der Software „Evasys 5.0", sodass der Fragebogen über einen Link aufgerufen werden konnte.[13] Befragungsteilnehmer wurden zum einen durch eine Nachricht über „mysStudy"[14] gewonnen, deren Inhalt die Bitte um Teilnahme an der Befragung, die Angabe des Befragungsanlasses sowie die voraussichtliche Bearbeitungszeit war. Da die Plattform allen Studierenden der Leuphana Universität Lüneburg zur Verfügung steht, konnte eine große Anzahl potentieller Teilnehmer mit sehr unterschiedlichen Studienfächern angesprochen werden. Darüber hinaus wurde der Link per E-Mail an weitere Mitglieder der „Generation Y" verschickt, deren Inhalt der Nachricht bei „myStudy" entsprach. Bei den E-Mail-Adressaten handelte es sich zunächst um Personen aus dem Bekanntenkreis der Verfasserin, von denen einige den Link wiederum per E-Mail an Personen, die der Verfasserin nicht bekannt sind, weitergeleitet haben. Durch die gewählte Vorgehensweise bei der Teilnehmergewinnung konnten insgesamt viele Personen mit unterschiedlichem derzeitigen beruflichen Status erreicht werden. Vom 21.02.12 bis zum 06.03.2012 stand der Fragebogen zur Bearbeitung bereit. Während des zweiwöchigen Befragungszeitraumes füllten den Fragebogen insgesamt 268 Personen aus, von welchen 7 Personen kein Alter angegeben haben, 15 Personen älter als 35 sind und eine Person keine Angabe zum Geschlecht gemacht hat. Hinsichtlich der altersspezi-

---

[13] http://evasys.leuphana.de/evasys_02/indexstud.php?typ=html&user_tan=Generationen

[14] „myStudy ist die webbasierte Plattform der Leuphana Universität Lüneburg zur Unterstützung und Organisation der Präsenzlehre" (Leuphana Universität Lüneburg, Wintersemester 2011/2012, Internetquelle 6.2).

fischen Definitionen der „Generation Y" wurde eine maximale Altersgrenze von 35 Jahren festgelegt. Die Angaben des Geschlechts und des aktuellen beruflichen Status sind relevant, um hinsichtlich bestimmter Fragen eine Aufteilung der Stichprobe nach Geschlecht bzw. nach aktuellem beruflichen Status vorzunehmen. So konnten die jeweiligen Ergebnisse verglichen werden, um mögliche Unterschiede feststellen zu können. Die zuvor beschriebenen Personen wurden entsprechend aus der Untersuchung der Daten ausgeschlossen, sodass der endgültige Stichprobenumfang 245 Personen im Alter von 17 bis 34 Jahren umfasst. Hinsichtlich der Personengruppe, die den aktuellen beruflichen Status der Teilnehmer betrifft, wurde im Rahmen der Auswertung ausgewählter Fragen zudem die Aufteilung dieser Gruppe in weitere Untergruppen vorgenommen. Eine entsprechende Übersicht bieten die Tabellen 1 und 2.

Segmentierung	Personenzahl	Segmentierung	Personenzahl
Stichprobe gesamt	245	Studierende gesamt	190
		Angabe Studienfach	187
Aufteilung nach Geschlecht	245 (100%)	Aufteilung nach Studienfach	187 (100%)
männlich	69 (28,2%)	wirtschaftsnahes Fach	96 (51,3%)
weiblich	176 (71,8%)	kein wirtschaftsnahes Fach	91 (48,7%)
		Berufstätige gesamt	50
		Angabe Beruf	43
Aufteilung nach aktuellem beruflichen Status	245 (100%)	Aufteilung nach Berufsbereich	43 (100%)
derzeit „arbeitend"	50 (20,4%)	wirtschaftsnaher Beruf	18 (41,9%)
derzeit nicht „arbeitend"	195 (79.6%)	kein wirtschaftsnaher Beruf	25 (58,1%)

Tabelle 1, Übersicht der untersuchten Stichprobensegmente, eigene Darstellung, 2012

Segmentmerkmal	Erläuterung des Segmentmerkmals
aktueller beruflicher Status	
derzeit arbeitend	Berufstätige (40) und Auszubildende (10)
derzeit nicht arbeitend	Studenten (190), Personen, die "Sonstiges" angegeben haben (5) [15]
Berufsbereich	
Wirtschaftsnahe Berufe	kaufmännischer, betriebswirtschaftlicher, technischer Fachbereich
nicht wirtschaftsnahe Berufe	handwerklicher, sozialer, medizinischer, künstlerischer Fachbereich, Forschung und Lehre
Studienfach	
wirtschaftsnahes Fach	Wirtschafts- und Rechtswissenschaften, Technik
nicht wirtschaftsnahes Fach	Natur-, Sozial-, Kultur-, Geistes- und Umweltwissenschaften, Lehramt

Tabelle 2 , Übersicht zum Umfang der untersuchten Stichprobensegmente, eigene Darstellung, 2012

---

[15] „Sonstiges" beinhaltet die Nennungen „Schüler" (2), „arbeitsuchend" (2) und „keine Angabe" (1).

Die unter 6.3 beschriebenen Ergebnisse beziehen sich allein auf die spezifische Stichprobe. Es wird ausdrücklich darauf hingewiesen, dass es nicht möglich ist, anhand der Ergebnisse Aussagen über die Allgemeinheit (d.h. auf alle in Deutschland lebenden 17 bis 34-Jährigen) zu treffen. Weder können generalisierende Schlüsse gezogen, noch kausale Zusammenhänge identifiziert werden. Die Ergebnisse zeigen jedoch eine deutliche Meinungstendenz der Befragten, die wichtige Hinweise für die Gestaltung von Strategien im Personalmanagement in Bezug auf die „Generation Y" liefert. Beim Vergleich verschiedener Befragungsgruppen ist zu beachten, dass jede Gruppe meist eine unterschiedliche Gesamtanzahl von Personen umfasst, die dem jeweiligen Prozentwert einer Antwortkategorie zugrunde liegt. Bei einem Vergleich hinsichtlich des Geschlechts stehen z.B. 176 Frauen 69 Männern gegenüber. Darüber hinaus wurde die Antwortoption „keine Angabe" jeweils von unterschiedlich vielen Personen angekreuzt, so dass die Gesamtzahl der Antworten jeweils leicht variieren kann. Im Rahmen der Auswertung der geschlossenen Fragen wurden die Befragungsdaten der 245 Teilnehmer zu drei Kategorien zusammengefasst. Die Antwortkategorien „stimme voll zu" und „stimme eher zu" bilden die Kategorie „Zustimmung". Die Kategorie „Verneinung" umfasst die Optionen „stimme eher nicht zu" und „stimme gar nicht zu". Die Antwortmöglichkeit „teils teils" bleibt hierbei als separate Kategorie bestehen. Auf diese Weise kann die jeweilige Meinungstendenz der Befragten klarer herausgestellt und zudem der Vergleich verschiedener Segmente erleichtert werden.

6.2 Fragebogendesign

Der Fragebogen gliedert sich in drei Teile. *Einen* Teil bilden allgemeine Angaben, die Fragen nach Geschlecht, Alter, aktuellem beruflichen Status, Studien- bzw. Berufsbezeichnung und vorhandenem berufsqualifizierenden Abschluss umfassen. Der darauf folgende Hauptteil des Fragebogens umfasst insgesamt 21 Fragen, die in Form geschlossener, offener und halboffener Fragen (Hybridfragen), die einen Kompromiss zwischen geschlossenen und offenen Fragen darstellen, strukturiert sind (vgl. Raithel, 2006, S. 67). Dominierend sind hier geschlossene Fragen (15), bei welchen fünf bestimmte Antwortmöglichkeiten vorgegeben sind, von denen der Befragte *eine* durch „Anklicken" auswählt. Zudem gibt es die Option das Feld „keine Angabe" anzuklicken, falls der Befragte eine Frage nicht beantworten kann oder möchte. Beim Fehlen dieser Option würde eine inhaltliche Antwort „erzwungen" werden, sodass die Gefahr bestünde, dass die Antwort des Befragten nicht seine tatsächliche Meinung widerspiegelt und die Antwort eher zufällig erfolgt. Dem Befragten steht bei jeder geschlossenen Frage eine fünfstufige Ratingskala zur Verfügung, anhand derer er Aussagen bewerten soll. Die Antwortoptionen lauten hierbei „stimme voll zu", „stimme eher zu" „teils teils", „stimme eher nicht zu", „stimme gar nicht zu". Der Vorteil einer ungeraden Anzahl an Antwortoptionen gegenüber geraden

Skalen ist insbesondere, dass keine Positionierung erzwungen wird (vgl. Raithel, 2006, S. 68-69). Bei den offenen Fragen (4) muss der Befragte seine Antwort hingegen selbst formulieren. Bei den Hybridfragen (2) gibt es neben bestimmten gegebenen Antwortoptionen die Möglichkeit, unter der Antwortoption „Sonstiges" eine offene Antwort zu geben. Die Fragen des Hauptteils betreffen die Bedeutung des Faktors Vergütung bei der Arbeitgeberwahl, die Beurteilung des Senioritätsprinzips, die Bedeutung von Gerechtigkeitsaspekten am Arbeitsplatz sowie die vermutete und erhoffte Dauer der Zugehörigkeit zu einem Unternehmen. Um die Befragungsdaten bei der Auswertung eindeutig jeweils einer Personen zuordnen zu können, wird im dritten Teil des Fragebogens die Angabe eines persönlichen Zuordnungscodes erbeten, der selbstverständlich keine Rückschlüsse auf die befragte Person zulässt. Neben den beschriebenen drei Teilen enthält der Fragebogen eine Begrüßung der Teilnehmer sowie eine Instruktion zur Bearbeitung am Beginn und einen Hinweis bezüglich der Beendigung der Bearbeitung sowie den Dank für die Teilnahme am Ende des Fragebogens. Die Ergebnisse sollen Aufschluss über mögliche Gestaltungskriterien hinsichtlich einer geeigneten Personalmanagementstrategie für die „Generation Y" geben. Darüber hinaus soll überprüft werden, ob die Erkenntnisse der theoretischen Aufarbeitung des Themas mit den Befragungsergebnissen grundsätzlich übereinstimmen.

6.3 Ergebnisse

Nachfolgend werden die Ergebnisse einzelner Fragen, die in Bezug auf die Forschungshypothesen von besonderem Interesse sind, aufgezeigt. Die Befragten wurden u.a. gebeten aus einer Liste mit siebzehn Aspekten diejenigen fünf auszuwählen, die sie bei der Wahl eines Arbeitgebers als die wichtigsten erachten. Darüber hinaus sollten die fünf ausgewählten Aspekte in eine Rangreihe gebracht werden, sodass ersichtlich wird, welcher Faktor für sie der wichtigste ist. Bei der Auswertung dieser Frage wurden ausschließlich die Daten jener Personen einbezogen, die eine vollständige Rangreihe gebildet haben, d.h. von 173 Personen. Hinsichtlich der Ergebnisse ist zu beachten, dass diese in starkem Maße abhängig von Inhalt und Anzahl der zur Wahl stehenden Faktoren sind. Als wichtigsten Faktor bezeichnen die meisten Befragten „sinnvolle und herausfordernde Arbeitsaufgaben". Die Faktoren „kollegiales Arbeitsumfeld" und „Vergütung" wurden am häufigsten auf die zweite Stufe der Rangreihe gewählt. „Vergütung" wurde ebenso am häufigsten als drittwichtigster Faktor genannt. Für die Stufe 4 der Rangreihe fiel die Wahl am häufigsten auf den Aspekt „kollegiales Arbeitsumfeld", für die Stufe 5 auf den Aspekt „persönliche Entwicklungs- und Weiterbildungsmöglichkeiten". Häufig werden Insgesamt außerdem die Faktoren „Work-Life-Balance", „Standort" und „Arbeitsplatzsicherheit" zu den wichtigsten 5 Faktoren gezählt. Kaum eine Rolle spielen bei der Arbeitgeberwahl hingegen die Aspekte „Modernität des Arbeitsplatzes", „Angebotene Zusatzleistungen", „Bekanntheit" und „Internationalität" des Unternehmens. Der Faktor „Vergü-tung" gehört für rund 65% der Befragten zu den „Top Five", wobei diesen lediglich 8,1% als den wichtigsten Aspekt bezeichnen. Personen, die „Vergütung" unter die „Top Five" wählen, sehen diesen Faktor hauptsächlich als drittwichtigsten Aspekt bei der Arbeitge-berwahl an. Die Untersuchung der einzelnen Segmente liefert grundsätzlich ähnliche Ergebnisse. Beim Vergleich von bestimmten Personengruppen konnte jedoch festgestellt werden, dass Männer den Faktor „Karriereperspektiven im Unternehmen" im Gegensatz zu Frauen ebenso häufig wie „sinnvolle und herausfordernde Arbeitsaufgaben" auf Positi-on 1 der Rangreihe wählen. Auch bezeichnen Männer, ebenso wie derzeit arbeitende Personen, „Vergütung" häufiger als Frauen bzw. derzeit nicht Arbeitende, als wichtigsten Faktor, wobei auch diese Befragten „Vergütung" am häufigsten auf Stufe 2 oder 3 der Rangreihe positionieren. Darüber hinaus wählen Männer (71%), Personen, die derzeit arbeiten (83%) sowie Studierende wirtschaftsnaher Fächer (68%) „Vergütung" häufiger unter die „Top Five" als Frauen (64%), derzeit nicht arbeitende Personen (62%) und Studierende nicht wirtschaftsnaher Fächer (56%).

Die befragten jungen Menschen messen dem Faktor „Vergütung" also insgesamt einen recht hohen Stellenwert bei. Gleichzeitig sehen sie „Vergütung" jedoch eindeutig nicht als wichtigsten Faktor bei der Arbeitgeberwahl an. Zudem gibt der Großteil der Befragten (61,2%) an „weiche Faktoren", wie u.a. ein kollegiales Arbeitsumfeld, seien wichtiger bei der Arbeitgeberwahl als die Vergütung. Lediglich 11,6% bevorzugen hier klar die monetäre Komponente. Bei den einzelnen Untergruppen halten ebenfalls die Wenigs-ten „Vergütung" für wichtiger. Jedoch bevorzugen auch bei dieser Frage Männer und derzeit arbeitende Personen den monetären Faktor eher als deren jeweilige Vergleichs-gruppe. Die Erkenntnisse stimmen also grundsätzlich mit den Ergebnissen anderer Stu-dien (siehe Kapitel 4) überein.

Dass der Vergütung insgesamt ein hoher Stellenwert beigemessen wird, sagt al-lerdings noch nichts darüber aus, ob den Befragten eine hohe oder eine gerechte Vergü-tung besonders wichtig ist, was eine differenzierte Betrachtung erforderlich macht. Im Ganzen wird diesbezüglich deutlich, dass nicht eine hohe, sondern eine gerechte Vergü-tung für die Befragten im Vordergrund steht bzw. zumindest als ebenso wichtig erachtet wird.

Der Aussage „Es ist mir besonders wichtig, dass meine Vergütung gerecht ist" stimmen 93,5% der befragten Nachwuchskräfte zu. Wird hingegen gefragt, ob es beson-ders wichtig ist, dass die Vergütung hoch ist, fallen die Antworten nicht derart eindeutig aus. Der Großteil der Befragten gibt an, dass eine hohe Vergütung nicht besonders wich-tig ist (57,7%). Ein knappes Viertel antwortet mit „teils teils" und nur knapp ein Fünftel der Befragten hält eine hohe Vergütung für besonders wichtig. Auch bei einer segment-spezifischen Betrachtung bilden Personen, denen eine hohe Vergütung besonders wichtig ist, stets den kleinsten Anteil, wobei auch hier Männer (27,9%) sowie Studierende wirtschaftsnaher Fächer (25%) der besonderen Bedeutung einer hohen Vergütung eher zustimmen als Frauen (15%) und Studierende anderer Fachbereiche (12,4%).

Geht es um eine klare Positionierung geben 51,2% der Befragten an, eine gerechte Vergütung sei wichtiger als eine hohe Vergütung. Lediglich 9,5% sprechen sich hier für eine hohe Vergütung aus. Der hohe Anteil an Personen, die die Antwort „beides gleichermaßen" gegeben hat (39,3%), lässt jedoch vermuten, dass eine klare Entscheidung für eine bestimmte Option hier eher schwer fällt. Bei den einzelnen Untergruppen zeigen sich grundlegend ähnliche Ergebnisse. Jedoch wählt jeder fünfte Mann die Antwort eine hohe Vergütung sei wichtiger als eine gerechte Vergütung, während lediglich 5% der Frauen dieser Meinung sind. Auch ziehen Studierende wirtschaftsnaher Fächer (12,8%) eine hohe Vergütung eher vor als Studierende anderer Studienfächer (5,6%).

In Bezug auf die Forschungshypothese 1 lässt sich sagen, dass der Faktor „Vergütung" bei der Arbeitgeberwahl zwar nicht an erster Stelle steht, jedoch durchaus zu den wichtigsten Kriterien in Bezug auf die Attraktivität eines Arbeitgebers zählt. Eine differenziertere Betrachtung des Aspekts „Vergütung" zeigt, dass den befragten Nachwuchskräften hierbei insbesondere eine gerechte und nicht eine hohe Vergütung wichtig ist.

Hinsichtlich der Bedeutung von Gerechtigkeit soll an dieser Stelle auch die Beurteilung des Senioritätsprinzips durch die Befragten näher betrachtet werden. Bezüglich der Aussage, es sei gerecht wenn Ältere Arbeitnehmer eine höhere Vergütung erhalten, ist der Anteil derer, die eine höhere Vergütung für Ältere für gerecht halten (30%) zwar höher als der Anteil der Personen, die eine solche Regelung klar als ungerecht empfinden (20%). Jedoch antwortet die Mehrheit der Befragten (46,9%) hier mit „teils teils". Eine eindeutige Positionierung fällt scheinbar schwer. Die Ergebnisse der unterschiedlichen Segmente entsprechen dieser Tendenz. Nur bei Berufstätigen mit nicht wirtschaftsnahen Berufen überwiegt der Anteil derer, die der Aussage zustimmen gegenüber dem Anteil derer, die mit „teils teils" antworten und allein derzeit Arbeitende mit wirtschaftsnahem Beruf widersprechen einer Vergütung entsprechend des Senioritätsprinzips eher als dass sie diese befürworten.

Geht es um die Beurteilung, ob ein besserer Kündigungsschutz für Ältere als gerecht empfunden wird, stimmt der Großteil der Befragten sowohl insgesamt (55%) als auch bei den verschiedenen Untergruppen zu. Lediglich bei Berufstätigen, mit nicht wirtschaftsnahen Berufen antworten mehr Personen mit „teils teils", als dass sie klar zustimmen. Insgesamt halten nur 14,5% einen besseren Kündigungsschutz für Ältere klar für ungerecht. Die Untersuchungsergebnisse der einzelnen Segmente liefern auch hier ähnliche Ergebnisse.

Befragte Nachwuchskräfte, die das Senioritätsprinzip als gerecht empfinden, führen als häufigsten Grund auf, dass Ältere einen wertvollen Erfahrungsschatz haben, bereits lange gearbeitet und viel geleistet haben und dies honoriert werden sollte. Zudem assoziieren viele mit einem höheren Lebensalter einen höheren Bedarf. Dem gegenüber nennen Personen, die das Senioritätsprinzip als ungerecht bezeichnen als Begründung für ihre Entscheidung, dass ein höheres Lebensalter nicht automatisch eine bessere Leistung oder höhere Qualifikation bedeutet und sich Jüngere erst noch eine Existenz aufbauen müssen und daher einen höheren Bedarf haben.

Die Ergebnisse deuten insgesamt darauf hin, dass die befragten Nachwuchskräfte älteren Arbeitnehmern gegenüber grundsätzlich eine solidarische Haltung haben. Dennoch gibt es auch klare Gegenstimmen bezüglich des Senioritätsprinzips. Insbesondere, wenn eine klare Positionierung der Befragungsteilnehmer gefragt ist, fällt diese eher zu Ungunsten des Senioritätsprinzips aus. Die Mehrzahl der Befragungsteilnehmer (58,1%) hält eine Vergütung entsprechend der individuellen Leistung einer Person für gerechter als eine Vergütung nach dem Senioritätsprinzip. 28,4% der befragten Nachwuchskräfte antworten mit „teils teils" und lediglich 13,5% ziehen das Senioritätsprinzip in Hinblick auf die Gerechtigkeit vor. Auch bei den verschiedenen Untergruppen der Stichprobe ist der Anteil derer, die der Aussage zustimmen jeweils am geringsten und der Anteil derer, die der Aussage widersprechen am höchsten, wobei Berufstätige mit nicht wirtschaftsnahen Berufen gleich häufig mit „teils teils" wie mit „nein" antworten.

7.   Handlungsempfehlungen

Die folgenden Handlungsempfehlungen basieren auf den gewonnen Erkenntnissen der Untersuchung der „Generation Y" und sollen eine Orientierungshilfe bieten, um Gerechtigkeit im unternehmerischen Kontext konkretisieren zu können. Sie sind als ein Beitrag zur möglichen Gestaltung und Förderung eines Vergütungsmanagements zu verstehen, das die Zufriedenheit des Mitarbeiters als zentrales Kriterium für den Erfolg eines Unternehmens betrachtet und entsprechend in den Vordergrund stellt. Zwar geht es an dieser Stelle insbesondere um die Gruppe der jungen Erwerbsfähigen. Dennoch sollten altersspezifische Strategien und Maßnahmen nach Möglichkeit im Sinne einer ganzheitlichen Unternehmensstrategie ausgerichtet werden. Das bedeutet, dass eine bestimmte Gruppe von Mitarbeitern keine Benachteiligung durch die Förderung einer anderen Mitarbeitergruppe erfährt, sondern, soweit möglich, vielmehr die Bedürfnisse aller Mitarbeiter Berücksichtigung finden.

Die Auswertungsergebnisse der vorliegenden Untersuchung zeigen, dass Gerechtigkeit im unternehmerischen Kontext für die Befragten grundsätzlich von großer Bedeutung ist. Der Aussage „Gerechtigkeit am Arbeitsplatz ist mir besonders wichtig" stimmten 91,8% der Befragten zu, dem Satz „Es ist mir besonders wichtig, dass meine Vergütung gerecht ist" 93,5%.

Doch welche Merkmale sind kennzeichnend für ein gerechtes Vergütungssystem und wie äußert sich Gerechtigkeit am Arbeitsplatz konkret?

Für den Großteil der Befragten (93,5%) ist ein gerechtes Vergütungssystem durch Transparenz gekennzeichnet, sodass jeder Mitarbeiter nachvollziehen kann, wie sich sein Gehalt zusammensetzt. Zudem bedeutet gerechte Vergütung für die meisten befragten Nachwuchskräfte (95,5%), dass sie in Bezug auf die eigene Leistung nachvollziehbar und angemessen ist. Auch scheint der Vergleich mit Kollegen hinsichtlich eines gerechten Vergütungssystems eine große Rolle zu spielen. Mehr als drei Viertel der Befragungsteilnehmer geben an, dass gerechte Vergütung bedeutet, dass man die eigene Vergütung im Vergleich zu Kollegen, die die gleiche bzw. eine ähnliche Tätigkeit ausführen, als angemessen empfindet. Diese Ergebnisse bestätigen insgesamt die in Kapitel 6 beschriebenen Erkenntnisse aus der Literatur. Zentral ist in Hinblick auf ein gerechtes Vergütungssystem die subjektiv wahrgenommene, die gefühlte Gerechtigkeit. In Bezug auf die genannten Aspekte lautet die Empfehlung, das Vergütungssystem anhand objektiver, eindeutiger, transparenter und für jeden Mitarbeiter nachvollziehbarer Maßstäbe auszurichten. Ebenso wichtig ist in diesem Zusammenhang, dass Führungskräfte deutlich kommunizieren, dafür Sorge zu tragen, das Vergütungssystem möglichst gerecht zu gestalten. „Die geforderte Transparenz kann letztlich nur über Kommunikation erfolgen. Hierzu gehören die Information der Mitarbeiter sowie die generelle Bereitschaft zum Dialog" (Comelli, 2003, S. 157). Lediglich 15% der Befragungsteilnehmer halten ein Vergütungssystem, das nach dem Senioritätsprinzip ausgerichtet ist für gerecht. Auf der anderen Seite zeigen sich die Nachwuchskräfte grundsätzlich solidarisch mit ihren älteren Kollegen. Die Beurteilung der Attraktivität eines Unternehmens, dessen Vergütungssystem am Senioritätsprinzip ausgerichtet ist, spiegelt diese ambivalente Haltung wider. Die Antworten der befragten Nachwuchskräfte zeigen keine eindeutige Meinungstendenz.[16] Eine mögliche Erklärung für diesen scheinbaren Widerspruch ist, dass Nachwuchskräfte durchaus Respekt vor dem Alter zeigen und die Honorierung bereits erbrachter Leistungen von Älteren akzeptieren. Dass sie jedoch auf der anderen Seite als Resultat eines sozialen Vergleichs, bei dem ein älterer Kollege die Vergleichsperson ist, ein Ungleichgewicht feststellen und eine solche Vergütungsregelung entsprechend nicht als besonders gerecht beurteilen. Transparenz und eine offene Kommunikation sowie die Orientierung an Regeln der Verfahrens- und Interaktionsgerechtigkeit können jedoch dazu beitragen, die Unzufriedenheit von jungen Mitarbeitern zu verhindern bzw. zu vermindern (vgl. Gerrig, 2004, S. 537; vgl. Liebig, 2011, S. 18). Die Befürchtung, dass sich senioritätsbasierte Vergütungsregelungen in Hinblick auf die „Generation Y" vorwiegend als problematisch erwei-

---

[16] Rund 37% sprechen sich gegen die Attraktivität aus, rund 24% halten ein solches Unternehmen für attraktiv und 39% beantworten die Frage mit „teils teils".

sen (siehe Kapitel 4), kann aufgrund der vorliegenden Studie also nicht ohne weiteres bestätigt werden. Vielmehr ist hier eine differenzierte Betrachtung erforderlich. Ob eine Entlohnung entsprechend des Senioritätsprinzips in Hinblick auf die Meinung der jungen Erwerbsfähigen empfehlenswert ist, lässt sich folglich ebenfalls nicht eindeutig und übergreifend beantworten. Um im Einzelfall eine Empfehlungen geben zu können, müssen zunächst Faktoren wie die spezifische Altersstruktur, die Art der Zusammenarbeit von Mitarbeitern unterschiedlichen Alters im Unternehmen sowie generelle Bedürfnisse der spezifischen Belegschaft überprüft werden (vgl. Oertel, 2007, S. 134).

Bei der Frage, wie sich Gerechtigkeit am Arbeitsplatz konkret äußert fallen die Antworten erwartungsgemäß vielseitig aus. Dennoch kristallisieren sich Merkmale heraus, die besonders häufig genannt werden. Hierzu gehören „Gleichbehandlung der Arbeitnehmer unabhängig von Geschlecht, Alter, Position etc.", „Wertschätzung", „Kollegialität", „Respekt", „Transparenz" und „Anerkennung". Aufgrund dieser Ergebnisse liegt die Empfehlung nahe, als Führungskraft Rahmenbedingungen zu schaffen, die es ermöglichen, dass die genannten Werte im Unternehmen „gelebt werden" können. Um zu signalisieren, dass im Unternehmen auf die Achtung einer humanen Unternehmenskultur gelegt wird, können etwa Leitlinien formuliert und öffentlich angebracht werden. Auch spielt in diesem Zusammenhang die Vorbildfunktion von Führungskräften eine besondere Rolle. Auffallend ist, dass es sich bei den genannten Aspekten um sog. „Motivations-Faktoren" nach Herzberg handelt. Da diese die Arbeitszufriedenheit eines Mitarbeiters maßgeblich beeinflussen und sich die Arbeitszufriedenheit wiederum positiv auf die langfristige Produktivität eines Mitarbeiters auswirkt, sollte die Achtung dieser Werte im Vordergrund unternehmerischer Zusammenarbeit stehen.

8.   Ausblick

Insgesamt ergibt sich bei der Betrachtung der gewonnen Erkenntnisse an einigen Stellen die Frage, ob es sich tatsächlich speziell um Bedürfnisse, Merkmale und Meinungen der Mitglieder der „Generation Y" handelt. Zumindest teilweise liegt die Vermutung nahe, dass es sich vielmehr um grundsätzliche menschliche Bedürfnisse handelt, die entsprechend von einem Großteil aller Menschen für wichtig erachtet werden, unabhängig von ihrem Alter und ihrer bisherigen Dauer der Berufstätigkeit. Eine ergänzende Erhebung von Daten der Gruppe der mittleren und älteren Erwerbsfähigen und ein anschließender Vergleich der Ergebnisse könnte diesbezüglich Aufschluss geben.

Zudem könnte die Befragung in folgenden Forschungsarbeiten auf weitere Mitglieder der „Generation Y" ausgeweitet werden, um zu überprüfen, ob sich in Hinblick auf die vorliegenden Ergebnisse grundsätzlich eine ähnliche Tendenz ergibt. Ergänzend ist in diesem Zusammenhang die Untersuchung der Daten nicht studierender Befragungsteilnehmer von besonderem Interesse, da die beschriebene Untersuchung von Studierenden dominiert wird.

Die Auswertung der durch die Befragung gewonnenen Daten wurde auf die beschreibende Statistik beschränkt. Auf Grundlage der Ergebnisse können also keine allgemein gültigen Aussagen getroffen werden. Die Beantwortung der Forschungsfragen kann lediglich in Hinblick auf die untersuchte Stichprobe erfolgen.

Insgesamt liefert die vorliegende Studie dennoch aufschlussreiche Erkenntnisse, die eine richtungweisende Tendenz hinsichtlich der Meinung von Nachwuchskräften zeigen. Durch die gewählte Vorgehensweise wurde eine differenzierte Betrachtung der fokussierten Sachverhalte ermöglicht.

Die Gesellschaft und die Menschen, die in ihr leben, entwickeln sich fortlaufend weiter. Hiermit kann auch eine veränderte Sichtweise von Menschen einhergehen. Möglicher Weise hat die befragte Gruppe junger erwerbsfähiger Menschen eine völlig andere Meinung zu den thematisierten Sachverhalten, wenn sie selbst die Gruppe der mittleren oder alten Erwerbsfähigen bildet. Die Gültigkeit der erarbeiteten Handlungsempfehlungen bezieht sich also auf die Meinung einer spezifischen Stichprobe zu einem spezifischen Zeitpunkt. Die Empfehlungen haben daher speziell für den unternehmerischen Kontext der Gegenwart Relevanz. In Hinblick auf noch offene zukünftige Entwicklungen kann keine dauerhaft beständige Gültigkeit erwartet werden. Interessant wäre allerdings ein Vergleich der Daten von Personen die heute die Gruppe der jungen Erwerbsfähigen bilden mit den Daten jener Personen, die diese Gruppe in Zukunft bilden, d.h. wenn die heute junge Gruppe Erwerbsfähiger in die mittlere Gruppe der erwerbsfähigen Personen „übergegangen" ist.

9.   Fazit

„Geld ist wichtig. Es ist das Resultat der eigenen besten Kräfte und symbolisiert die Wertschätzung der Tauschpartner" (Sprenger, 2009, S. 162). Zudem gewährleistet die Vergütung zumeist den Lebensunterhalt eines Menschen (vgl. Oertel, 2007, S. 357). Auch wenn zahlreiche Studien betonen, dass die „Generation Y" Geld nicht (mehr) den oberen Plätzen einer Rangreihe zuordnet, gehört die Vergütung weiterhin zu den zentralen Interessen des Menschen. Aufgrund der vorausgegangenen Erläuterung der Funktion von Geld in der heutigen Gesellschaft dürfte dies jedoch nicht besonders verwundern. In Hinblick auf monetäre Aspekte, rückt im unternehmerischen Kontext vielmehr die Frage in den Mittelpunkt, wie Personalpolitik und Vergütungsmanagement gestaltet werden müssen, damit Mitarbeiter ihre Leistungsbereitschaft und Produktivität dauerhaft aufrecht erhalten. Eine entscheiden Rolle spielt hierbei die intrinsische Motivation eines Menschen, die sich nicht aus monetären Anreizen, sondern vielmehr aus Freiräumen, vertrauensvoller Zusammenarbeit, kollegialer Arbeitsatmosphäre, dem Gefühl, einen sinnvollen Beitrag zu leisten, Lerngelegenheiten und ähnlichen Faktoren ergibt (vgl. Sprenger, 2009, S. 163).

Sprenger empfiehlt bei der Gestaltung eines erfolgreichen Vergütungsmanagements die Beachtung der beiden folgenden Grundsätze. Ersterer lautet „Entkoppeln Sie Geld und Motivation" (Sprenger, 2009, S. 163). Der zweite besagt „Bezahlen Sie Ihre Leute gut und fair - und dann tun Sie alles, damit sie das Geld wieder vergessen" (Sprenger, 2009, S. 165). Eine als gerecht und fair empfundene Bezahlung trägt wesentlich zur Förderung und zum Erhalt der intrinsischen Motivation von Mitarbeitern bei, die letztlich die Basis für deren dauerhafte Leistungsbereitschaft und somit maßgeblich für langfristigen Unternehmenserfolg ist.

Eine Gerechtigkeit „herzustellen", die jedem zusagt, ist aufgrund der Interpretationsvielfalt des Begriffes nicht möglich. Entsprechend kann es auch kein Vergütungssystem geben, das den Bedürfnissen aller Mitarbeiter gleichermaßen zusagt (vgl. RHI, 2011, S. 28).

Die Erkenntnisse der empirischen Untersuchung liefern jedoch einen wichtigen und nützlichen Beitrag, um die konkreten Vorstellungen junger Erwerbsfähiger in Hinblick auf ein gerechtes Vergütungssystem besser verstehen und greifbar machen zu können.

Personen, Situationen, Möglichkeiten, Prozesse als gerecht zu erachten oder gewisse Ungerechtigkeiten zu empfinden zeichnet das Menschsein aus. Für Führungskräfte ist es ratsam, dieser Tatsache besondere Beachtung zu schenken. Empfundene Ungerechtigkeit am Arbeitsplatz kann gravierende Folgen für ein Unternehmen nach sich ziehen. Fühlen sich Mitarbeiter ungerecht behandelt oder ungerecht bezahlt, können sich daraus Konsequenzen für ihr Verhalten ergeben, die sich langfristig negativ auf den Unternehmenserfolg auswirken. Diese Verhaltenskonsequenzen können sich etwa in „Dienst nach Vorschrift", steigenden Fehlzeiten, verminderter Konzentrations- und Leistungsfähigkeit bis hin zu Sabotage oder Verleumdung äußern. Es gilt also, Ungerechtigkeit als subjektives Empfinden anzuerkennen und die Bereitschaft zur Lösung und Prävention von Ungerechtigkeiten zu zeigen. Hierzu gehört insbesondere, die Wahrheit empfundener Ungerechtigkeit als subjektive Wahrheit zu akzeptieren und entsprechend mit Problemen umzugehen. Jedes Unternehmen wird von Menschen geführt und geprägt. Gerecht denkende und handelnde Menschen sind also auch Basis für eine entsprechende Gestaltung des unternehmerischen Kontext sowie der Wirtschaft insgesamt.

10. Literaturverzeichnis

Albert, M. / Hurrelmann, K. / Quenzel, G. (2010): Jugend 2010: Selbstbehauptung trotz Verunsicherung? In: Shell Deutschland Holding (Hrsg.): Jugend 2010 – Eine pragmatische Generation behauptet sich. Frankfurt a. M. 2010, S. 37-52.

Albert, M. /Schneekloth, U. (2010): Entwicklungen bei den "großen Themen": Generationengerechtigkeit, Globalisierung, Klimawandel. In: Shell Deutschland Holding (Hrsg.): Jugend 2010 – Eine pragmatische Generation behauptet sich. Frankfurt a. M. 2010, S. 165-186.

Alsop, R. (2008): The trophy kids grow up. First Edition, San Francisco 2008.

Becker, I. / Hauser, R. (2009): Soziale Gerechtigkeit – ein magisches Viereck: Zieldimensionen, Politikanalysen und empirische Befunde. Berlin 2009.

Becker, W. (Hrsg.) (2011): Empirische Studie zum Absloventenverhalten 2010. Bamberg 2011.

Behrens, G. / Esch, F.-R. / Leischner, E. / Neumaier, M. (Hrsg.) (2001): Gabler Lexikon Werbung. 1. Auflage, Wiesbaden 2001.

Buchhorn, E. / Werle, K. (2011): Schwierige Helden – BEWERBER - Klug, begehrt und anspruchsvoll - eine neue Generation von Einsteigern verändert Kultur und Alltag in den Unternehmen. In: Manager Magazin, Heft 5/2011, S. 112–122.

Bueb, B. (2008): Disziplin und Liberalität: Werteerziehung und die Folgen von 1968. In: Elz, W. / Rödder, A.(Hrsg.): Alte Werte - neue Werte: Schlaglichter des Wertewandels. Göttingen 2008, S. 49-55.

Bundesagentur für Arbeit (Hrsg) (2011): Amtliche Nachrichten der Bundesagentur für Arbeit – Arbeitsmarkt 2010. 58. Jahrgang, Sondernummer 2. Nürnberg 2011.

Böhm, S. / Bruch, H. / Kunze, F. (2010): Generationen erfolgreich führen – Konzepte und Praxiserfahrungen zum Management des demografischen Wandels. 1. Auflage, Wiesbaden 2010.

Böttger, E. (2012): Employer Branding. In: Burmann, C. / Kirchgeorg, M. (Hrsg.): Innovatives Markenmanagement Band 33. 1. Auflage, Wiesbaden 2012.

Bollwitt, B. (2010): Herausforderung demographischer Wandel – Employer Branding als Chance für die Personalrekrutierung. Hamburg 2010.

Bühner, M. (2006): Einführung in die Test- und Fragebogenkonstruktion. 2. Auflage, München 2006.

Burmann, C. / Kirchgeorg, M. / Meffert, H. (2008): Marketing – Grundlagen marktorientierter Unternehmensführung. 10. Auflage, Wiesbaden 2008.

Clapperton, G. / Warr, P. (2011): Richtig motiviert mehr leisten – Konzepte und Instrumente zur Steigerung der Arbeitszufriedenheit. Stuttgart 2011.

Comelli, G. / von Rosenstiel, L. (2003): Führung durch Motivation – Mitarbeiter für Organisationsziele gewinnen. 3. Auflage, München 2003.

Dawidowicz, S. / Süßmuth, D. (2007): Demografische Trends 2007 – Analyse und Handlungsempfehlungen zum Demographischen Wandel in deutschen Unternehmen. Offenbach am Main 2007.

Dörring, W. / Kutzki, J. (Hrsg.) (2007): TVöD-Kommentar – Arbeitsrecht für den öffentlichen Dienst. Heidelberg 2007.

Dudenredaktion (Hrsg.) (2007): Duden – Das Herkunftswörterbuch – Etymologie der deutschen Sprache. 4. Auflage, Mannheim 2007.

Eger, M. / Frickenschmidt, S. (2009): Weg vom Kostenstellenimage. In: Personalwirtschaft, Sonderheft 08/2009, S. 18-20.

Ehrenberg, A. (2008): Das erschöpfte Selbst - Depression und Gesellschaft in der Gegenwart. 1. Auflage, Frankfurt 2008.

Fetchenhauer, D. (2010): Soziale Gerechtigkeit und die Natur des Menschen. Eine wirtschaftspsychologische Betrachtung. In: Roman Herzog Institut e.V. (Hrsg.): Warum ist Gerechtigkeit wichtig? Antworten der empirischen Gerechtigkeitsforschung. München 2010, S. 28-45.

Franke, D. (1995): Lohn- und Gehaltsgerechtigkeit durch Relationale Arbeitsbewertung. Neuwied; Kriftel; Berlin 1995.

Frey, B. S. (2010): Glück – Die Sicht der Ökonomie. Zürich 2010.

Geißler, R. (2011): Die Sozialstruktur Deutschlands – Zur gesellschaftlichen Entwicklung mit einer Bilanz zur Vereinigung. 6. Auflage, Wiesbaden 2011.

Gensicke, T. (2010): Wertorientierungen, Befinden und Problembewältigung. In: Shell Deutschland Holding (Hrsg.): Jugend 2010 – Eine pragmatische Generation behauptet sich. Frankfurt a. M. 2010, S. 187-242.

Gilles, J.-M. (2011): Generation Facebook – Spontan, respektlos und abenteuerlustig. Die Absolventen von heute stellen Arbeitgeber vor Herausforderungen. In: Der Handel, Nr.6 vom 08.06.2011, S. 84.

Goebel, W. (2011): Erfolgreiche Rekrutierung von Millennials durch Perspektiven für Talente. In: Klafke, M. (Hrsg.): Personalmanagement von Millennials – Konzepte, Instrumente und Best-Practice-Ansätze. Wiesbaden 2011.

Gründinger, W. (2009): Aufstand der Jungen – Wie wir den Krieg der Generationen vermeiden können. München 2009.

Haas, S. / Janisch, W. (2012): Generation Plus – In die Diskussion um die Erhöhung des Rentenalters platzt eine richterliche Entscheidung: Ein 75-jähriger Professor darf weiterarbeiten. In: Süddeutsche Zeitung, Nr. 27, S. 34.

Holling, H. / Kanning, U. P. (2004): Theorien der Organisationspsychologie. In: Schuler, H. (Hrsg.): Lehrbuch Organisationspsychologie. 3. Auflage, Bern 2004, S. 59-87.

Horn, C. (2003): Zum Begriff der Gerechtigkeit – Die philosophischen Hintergründe der aktuellen Debatte. In: Die Politische Meinung, Nr. 409/2003, S. 25-36.

Howe, N. / Strauss, W. (2007): The Next 20 Years: How Customer and Workforce Attitudes Will Evolve. In: Harvard Business Review, July-August 2007, p. 41-52.

Jung, H. (2011): Personalwirtschaft. 9. Auflage, München 2011.

Klaffke, M. / Parment, A. (2011): Herausforderungen und Handlungsansätze für das Personalmanagement von Millennials. In: Klaffke, M. (Hrsg.): Personalmanagement von Millennials – Konzepte, Instrumente und Best-Practice-Ansätze. Wiesbaden 2011.

Köppel, P. / Sattler, A. (2009): Virtuelle Kooperationen. In: PERSONAL, Heft 01/2009, S. 26-28.

Laick, S. (2009): Die neue Generation abholen. In: Personalwirtschaft, Sonderheft 08/2009, S. 21-23.

Liebig, S. (2010): Warum ist Gerechtigkeit wichtig? Empirische Befunde aus den Sozial- und Verhaltenswissenschaften. In: Roman Herzog Institut e.V. (Hrsg.): Warum ist Gerechtigkeit wichtig? Antworten der empirischen Gerechtigkeitsforschung. München 2010, S. 10-25.

METOP GmbH An-Institut der Otto-von-Guericke-Universität Magdeburg (Hrsg.) (2009): Arbeitgeber-Attraktivität aus Sicht von Studierenden. 1. Auflage, Magdeburg 2009.

Niermeyer, J. F. / van de Kieft, C. / Burgers, J. W. (2002): Mediae latinitatis lexicon minus - Mittellateinisches Wörterbuch. 2. Auflage, Darmstadt 2002.

Oertel, J. (2007): Generationenmanagement in Unternehmen. In: Dilger, A. / Ehrmann, T. / Leker, J. / Schewe, G. (Hrsg.): Schriften aus dem Centrum für Management. 1. Auflage, Wiesbaden 2007.

Opaschowski, H. W. (2009): Deutschland 2030: Wie wir in Zukunft leben. 2.Auflage, Gütersloh 2009.

o.V. (2010): Arbeitsgesetze. 77. Auflage, München 2010.

Parment, A. (2009): Die Generation Y – Mitarbeiter der Zukunft – Herausforderung und Erfolgsfaktor für das Personalmanagement. 1. Auflage, Wiesbaden 2009.

Pleier, N. (2006): Anreize im Wandel. In: PERSONAL, Herft 12/2006, S. 6-9.

Raithel, J. (2006): Quantitative Forschung – Ein Praxisbuch. 1. Auflage, Wiesbaden 2006.

Renkewitz, F. / Sedlmeier, P. (2008): Forschungsmethoden und Statistik in der Psychologie. München 2008.

Roman Herzog Institut e.V. (Hrsg.) (2011): Die Zukunft der Gerechtigkeit – Ergebnisse aus zwei Jahren Gerechtigkeitsforschung. München 2011.

Ruf, M. (2011): Ansätze für ein Emotional Employer Branding – Zur Bedeutung der emotionalen Dimension beim Aufbau einer Arbeitgebermarke. In: Personalführung, Heft 9/2011, S. 52-57.

Seiser, E. (2009): Employer Branding – Bildung einer Arbeitgebermarke – wie attraktiv sind Arbeitgeber. Saarbrücken 2009.

Semmer, N. K. / Udris, I. (2004) : Bedeutung und Wirkung von Arbeit. In: Schuler, H.(Hrsg.): Lehrbuch Organisationspsychologie. 3. Auflage, Bern 2004, S. 157-195.

Spaemann, R. (2009): Moralische Grundbegriffe. 8. Auflage, München 2009.

Sprenger, R. K. (2006): 30 Minuten für mehr Motivation. 9. Auflage 2006, Offenbach 2006.

Sprenger, R. K. (2009): Mythos Motivation – Wege aus einer Sackgasse. Frankfurt am Main 2009.

Statistisches Bundesamt (Hrsg.) (2009): Bevölkerung Deutschland bis 2060 – 12. koordinierte Bevölkerungsvorausberechnung. Wiesbaden 2009.

Stettes, O. (2010): Effiziente Personalpolitik bei alternden Belegschaften. In: Institut der deutschen Wirtschaft Köln (Hrsg.): IW-Positionen – Beiträge zur Ordnungspolitik aus dem Institut der deutschen Wirtschaft Köln Nr. 44. Köln 2010.

Stock-Homburg, R. (2008): Personalmanagement – Theorien – Konzepte – Instrumente. 1. Auflage, Wiesbaden 2008.

Stritzke, C. (2010): Marktorientiertes Personalmanagement durch Employer Branding – Theoretisch-konzeptioneller Zugang und empirische Evidenz. 1. Auflage, Wiesbaden 2010.

Tisch, A. / Tophoven, S. (2011): Erwerbseinstieg und bisheriges Erwerbsleben der deutschen Babyboomerkohorten 1959 und 1965 – Vorarbeiten zu einer Kohortenstudie. In: Institut für Arbeitsmarkt- und Berufsforschung der Bundesagentur für Arbeit (Hrsg.): IAB-Forschungsbericht 8/2011. Nürnberg 2011.

Tremmel, J. (2003): Generationengerechtigkeit als Leitbild für Unternehmen. In: Ökologisches Wirtschaften, Ausgabe 6/2003, S. 29-30.

Trotha von, T. (2008): Die bürgerliche Familie ist tot. Vom Wert der Familie und Wandel der gesellschaftlichen Normen. In: Elz, W. / Rödder, A. (Hrsg.): Alte Werte – neue Werte: Schlaglichter des Wertewandels. Göttingen 2008, S. 78-93.

Wagner, D. (2007): Alter und Entgelt entkoppeln. In: PERSONAL, Heft 03/2007, S. 6-8.

Wahrig, G. / Krämer, H. / Zimmermann, H. (Hrsg.) (1981): Brockhaus-Wahrig, Deutsches Wörterbuch in sechs Bänden. Wiesbaden 1981.

Wang, E. (2010): Die Arbeit zählt. In: Personalwirtschaft, Heft 02/2010, S. 18-21.

Weinert, A. B. (2004): Organisations- und Personalpsychologie. 5. Auflage, Basel 2004.

Weiskopf, R. (2004): Management, Organisation und die Gespenster der Gerechtigkeit. In: Conrad, P. / Schreyögg, G. (Hrsg.) (2004): Gerechtigkeit und Management. 1. Auflage, Wiesbaden 2004.

Internetquellen I:

Büschemann, K.-H. / Kuhr, D. (2010): Die weibliche Wirtschaft – Pro und Contra zur Frauenquote. In: http://www.sueddeutsche.de/karriere/pro-und-contra-zur-frauenquote-die-weibliche-wirtschaft-1.960097 (Internetquelle 1, entnommen am 15.03.2012)

Deutsche Employer Branding Akademie (DEBA) (2006): Employer Branding „Wirkungskreis“: Wirkungsbereiche und positive Effekte. In: http://www.employerbranding.org/downloads/publikationen/DEBA_EB-Wirkungskreis.pdf?PHPSESSID=e7574736226d34af3d27d3afa704c855. (Internetquelle 2.1, entnommen am 15.03.2012)

Deutsche Employer Branding Akademie (DEBA) (2007): In Worte gefasst – Employer Branding Definition. In: http://www.employerbranding.org/employerbranding.php?PHPSESSID=e7574736 226d3af3d27d3afa704c855. (Internetquelle 2.2, entnommen am 10.03.2012)

DIS AG (2010): Future Jobs – Wie wir in Zukunft in Europa arbeiten werden. In: http://www.dis-ag.com/dis/presse/documents/1104_dis_studie_futurejobs.pdf. (Internetquelle 4.1, entnommen am 20.03.2012)

Donkor, C. (2008): Talentkrieg 2.0: Neue Generation der klugen Köpfe. In: http://www.faz.net/aktuell/wirtschaft/karrieresprung-talentkrieg-2-0-neue-generation- der-klugen-koepfe-1669885.html. (Internetquelle 1, entnommen am 22.11.2011)

Ernst & Young GmbH (2009): Studenten in Deutschland 2009 – Was sie bewegt. Wohin sie wollen. In: http://www.ey.com/Publication/vwLUAssets/Deutsche_Studenten:_Keine_Angst_v or_Arbeitslosigkeit/$FILE/Studentenstudie_2009.pdf. (Internetquelle 4.2, entnommen am 09.12.2011)

Franz Haniel & Cie. GmbH (2011): Studie zur Arbeitgeberattraktivität von Familienunternehmen. In: http://www.haniel.de/irj/go/km/docs/haniel_documents/hcw/public/haniel/press/Pre ssemitteilungen/Haniel/2011/Haniel_FU-Studie/Ergebnisbericht%20Arbeitgeberattraktivit%C3%A4t2011_final.pdf (Internetquelle 4.3, entnommen am 09.12.2011)

Johnson Controls Global WorkPlace Solutions (2010a): Generation Y and the Workplace – Annual Report 2010 http://www.haworth-europe.com/en/content/download/8985/545674/file/Oxygenz-Report_2010_EN.pdf. (Internetquelle 4.4, entnommen am 09.12.2011)

Johnson Controls Global WorkPlace Solutions (2010b): Understanding the Generation Y in Germany: How would they like to work in 2010? In: http://www.johnsoncontrols.com/content/dam/WWW/jci/be/global_workplace_innov ation/oxygenz/Oxygenz_report_Germany.pdf. (Internetquelle 4.5, entnommen am 09.12.2011)

Kienbaum Management Consultants GmbH (2009/2010a): Absolventenstudie 2009/2010. In: http://kienbaum.de/Portaldata/3/Resources/documents/downloadcenter/studien/rec ruiting/Absolventenstudie_2009_2010_final.pdf. (Internetquelle 4.6, entnommen am 22.11.11)

Kienbaum Management Consultants GmbH (2009/2010b): Was motiviert die Generation Y im Arbeitsleben? In: http://www.personalwirtschaft.de/media/Personalwirtschaft_neu_161209/Startseite /Downloads-zum-Heft/0910/Kienbaum_GenerationY_2009_2010.pdf. (Internet-quelle 4.7, entnommen am 22.11.2011)

mystudy (2011): Ihr myStudy-Account. In:
https://mystudy.leuphana.de/files/mystudy/PDF_myStudyUserguideStudierende20
11.pdf (Internetquelle 6.2, entnommen am 22.03.2012)

o.V. (2006): Ältere Mitarbeiter verdienen in vergleichbaren Positionen mehr. In:
http://www.faz.net/aktuell/beruf-chance/recht-und-gehalt/verguetung-aktuell-
aeltere-mitarbeiter-verdienen-in-vergleichbaren-positionen-mehr-
1332260.html#TOP. (Internetquelle 2.3, entnommen am 06.12.2011)

PricewaterhouseCoopers (Hrsg.) (2008): Managing tomorrow's people - Millennials at
work - perspectives from a new generation. In:
http://www.pwc.de/de/prozessoptimierung/assets/millennials_at_work_report08.pdf
. (Internetquelle 4.8, entnommen am 22.11.11)

Stiftung Warentest (2011): Mehr Geld für junge Mitarbeiter. In:
http://www.test.de/themen/steuern-recht/meldung/Urteil-zum-Tarifvertrag-BAT-
Mehr-Geld-fuer-junge-Mitarbeiter-4279007-4279009/. (Internetquelle 2.4, entnommen am 06.12.2011)

Internetquellen II:

Internetquelle 3.1

http://www.google.de/#hl=de&gs_nf=1&cp=10&gs_id=1s&xhr=t&q=Generation&pf
=p&sclient=psy-ab&source=hp&pbx=1&oq=Generatopm&aq=0sL&aqi=gsL2&
aql=&gs_sm=&gs_upl=&bav=on.2,or.r_gc.r_pw.,cf.osb&fp=c2b540a2117ea26e&bi
w=1280&bih=579 (entnommen am 21.02.2012)

Internetquelle 3.2

http://www.google.de/#hl=de&gs_nf=1&cp=11&gs_id=35&xhr=t&q=Generation+Y&
pq=generation&pf=p&sclient=psyab&source=hp&pbx=1&oq=Generation+&aq=0&a
qi=g4&aql=&gs_sm=&gs_upl=&bav=on.2,or.r_gc.r_pw.,cf.osb&fp=c2b540a2117ea
26e&biw=1280&bih=579 (entnommen am 21.02.2012)

Internetquelle 3.3

http://www.zeit.de/digital/internet/2012-02/leserartikel-acta-generation (entnommen
am 27.02.2012)

Internetquelle 3.4

http://www.generation-riesling.de (entnommen am 27.02.2012)

Internetquelle 3.5

http://www.amazon.de/Generation-Doof-bl%C3%B6d-sindeigentlich/
dp/3404605969#reader_3404605969 (entnommen am 27.02.2012)

Vertiefende Erläuterungen zu Forschungshypothesen und Befragung

Forschungshypothese 1:

Die Vergütung scheint der „Generation Y" bei der Arbeitgeberwahl nicht besonders wichtig zu sein (sofern ein bestimmtes „Vergütungsminimum" erfüllt ist).

Forschungshypothese 2:

Die „Generation Y" scheint ein stark ausgeprägtes Gerechtigkeitsempfinden zu haben. (So wird es bspw. als ungerecht empfunden, wenn ein 45-jähriger Arbeitnehmer allein wegen seines Alters besser bezahlt wird als ein 20 Jahre jüngerer Arbeitnehmer.)

Die Forschungshypothese 1 wurde auf Basis folgender Quellen abgeleitet:
-   Franz Haniel & Cie. GmbH, 2011, S. 4-5
-   Gensicke, 2010, S. 187-202
-   Kienbaum Management Consultants GmbH, 2009/2010, S. 7-8
-   Laick, 2009, S. 21
-   Becker, 2011, S. 32
-   Ruf, 2011, S. 57

Zudem wurde bei der Formulierung dieser Forschungsfrage das folgende Ergebnis wissenschaftlicher Studien einbezogen:

Sofern ein bestimmtes Wohlstandsniveau erreicht ist und der Mensch keine Bedrohung seiner Existenz fürchten muss, wirkt sich eine Einkommenszunahme nicht automatisch positiv auf die Zufriedenheit eines Menschen aus. Insbesondere in hoch entwickelten Volkswirtschaften ist der Einfluss des Einkommens auf die Lebenszufriedenheit der Menschen sehr gering (vgl. Frey, 2010, S. 47-50).

Die Forschungshypothese 2 wurde auf Basis folgender Quellen abgeleitet:
-   Donkor, 2008, Internetquelle 1
-   Gründinger, 2009, S.197-202
-   Stettes, 2010, S. 46-47
-   Wang, 2010, S. 19

Mit der vorliegenden Befragung wurde das Ziel verfolgt, eine Meinungstendenz der Befragten hinsichtlich der genannten Forschungsfragen zu einem bestimmten Zeitpunkt (d.h. in Form einer „Momentaufnahme") aufzeigen zu können. Die Untersuchung basiert entsprechend auf einem „subjektiven Ansatz". Bei den Befragungsinhalten handelt es sich hauptsächlich um Aspekte, die sich im Grunde nur schwer mit einer kurzen Aussage, ohne ergänzende Erklärungen o.ä. beantworten lassen. Aus diesen Gründen beschränkt sich die Auswertung der Befragungsdaten allein auf die beschreibende (deskriptive) Statistik (vgl. Raithel, 2006, S. 119). Um entsprechende Berechnungen durchführen zu können, wurden die Daten zunächst von der Fragebogen-Software „Evasys" in die statistische Auswertungssoftware „IBM SPSS Statistics Version 19" exportiert. Alle beschriebenen Ergebnisse beziehen sich ausschließlich auf Personen, die an der Befragung teilgenommen haben. Bei der Formulierung der Fragen wurde insgesamt der Grundsatz der Frageformulierung, dass eine Frage „kurz, einfach, präzise, direkt und eindimensional formuliert sein [sollte]" (Raithel, 2006, S. 72) beachtet.[17]

Bei den geschlossenen Fragen des Fragebogens wurden sog. „Rating-Skalen" verwendet. Anhand dieser Skalen können Befragungsteilnehmer z.B. angeben, „ob und wie stark sie eine vorgegebene Aussage für zutreffend halten [...]" (Renkewitz & Sedlmeier, 2008, S. 65). Den vorgegebenen Antwortoptionen „stimme voll zu", „stimme eher zu", „teils teils", „stimme eher nicht zu" und „stimme gar nicht zu" wurden die Zahlen 1 bis 5 zugeordnet. Hierbei nimmt man an, dass der Unterschied zwischen den Messwerten 1 und 2 ebenso groß ist wie zwischen den Messwerten 4 und 5. In der Psychologie hat sich die Nutzung von Rating-Skalen und in diesem Zusammenhang die Ansicht verbreitet, dass Messungen mit Rating-Skalen als Intervallskalen zu verstehen sind und entsprechende Berechnungen (wie der Spannweite oder des Mittelwertes) möglich sind (vgl. Renkewitz, 2008, S. 65-66).

Hinsichtlich der offenen Fragen des Fragebogens war eine qualitative Auswertung erforderlich. Anhand der genannten Aspekte wurden inhaltliche Kategorien gebildet, um anschließend die jeweiligen Häufigkeiten bestimmter Nennungen aufzeigen zu können.

---

[17] Einen umfassenden Überblick hinsichtlich der Empfehlungen zur Frageformulierung bietet Raithel, 2006, S. 72-74.

Autorenprofil

Nach ihrer Berufsausbildung zur Versicherungskauffrau bei einem Kölner Versicherungsmakler entschied sich die Autorin, ihre fachlichen Qualifikationen im Bereich der Betriebswirtschaft, verbunden mit ihrem persönlichen Interessengebiet Psychologie, zu erweitern. Das Studium der Wirtschaftspsychologie an der Leuphana Universität Lüneburg schloss sie im Jahre 2012 mit dem akademischen Grad des Bachelor of Science ab.

Im Oktober 2012 nahm die Autorin an dieser Universität das viersemestrige Masterstudium „Management and Entrepreneurship" auf.

Bereits während des Erststudiums erwarb die Autorin bei der führenden Fachorganisation für Personalmanagement und Personalführung in Deutschland umfangreiche praktische Erfahrungen im Bereich des Personalmanagements. Darüber hinaus engagierte sie sich in einer studentischen Initiative, die realitätsnahe Assessment-Center-Trainings für Studierende organisiert und durchführt.

Während des Studiums entwickelte die Autorin ein besonderes Interesse für das Thema Vergütungsmanagement, insbesondere in Verbindung mit Gerechtigkeits- und Motivationstheorien. Aufgrund ihrer Begeisterung für aktuelle gesellschaftliche Entwicklungen entstand schließlich die Motivation, eine empirische Untersuchung der „Generation Y", der auch die Autorin angehört, durchzuführen.